WahnsinnsWissen

Tatsachen. Fakten. Hintergründe.

Die gigantische Welt der Dinosaurier

Martin Oliver

Aus dem Englischen übersetzt von
Barbara Weiner

Illustrationen von
Daniel Postgate

Bibliografische Information Der Deutschen Bibliothek
Die Deutsche Bibliothek verzeichnet diese Publikation
in der Deutschen Nationalbibliografie;
detaillierte bibliografische Daten sind im Internet
über http://dnb.ddb.de abrufbar.

*Der Umwelt zuliebe ist dieses Buch
auf chlorfrei gebleichtem Papier gedruckt.*

ISBN 3-7855-4674-2 – 1. Auflage 2003
Text © Martin Oliver 2000
Illustrationen © Daniel Postgate 2000
Die Originalausgabe ist 2000 in Großbritannien bei Scholastic Ltd.
unter dem Titel *The Knowledge – Dead Dinosaurs* erschienen.
© für die deutsche Ausgabe 2003 Loewe Verlag GmbH, Bindlach
Aus dem Englischen übersetzt von Barbara Weiner
Umschlagfoto: gettyimages/Andersen Ross
Umschlaggestaltung: Andreas Henze
Herstellung: Annette Schnauder
Gesamtherstellung: Clausen & Bosse, Leck
Printed in Germany

www.loewe-verlag.de

INHALT

EINLEITUNG

Die Dinosaurier sind total tot. Toter als ein Dinosaurier kann man gar nicht sein. Denn sie sind wie vom Erdboden verschluckt. Und das schon länger, als die Dodos und die meisten anderen Tiere, die früher mal die Erde bevölkerten.

Ich bin schon länger tot!

Doch obwohl die Dinosaurier bereits vor Millionen von Jahren ausgestorben sind, begeistern sie uns immer noch. *Aber warum* interessieren sich Leute von heute für diese toten Tiere? Eigentlich ist das doch Schnee von gestern!

Es gibt einen ganzen Haufen Gründe, weshalb man verrückt nach Dinosauriern werden kann. Manche fesselt die Vorstellung, dass es Dinosaurier in den erstaunlichsten Größen gab. Der Tyrannosaurus Rex zum Beispiel war mit sechs Metern Höhe das größte Fleisch fressende Tier, das jemals auf der Erde herumgetrampelt ist. Und der Pflanzen fressende Supersaurus erreichte sogar eine Höhe von 15 Metern, wenn er seinen schlangenartigen Hals ausstreckte. Er hätte locker durch das oberste Fenster eines fünfstöckigen Hauses linsen können – wenn es so etwas zu seiner Zeit schon gegeben hätte.

Für'n Zehner leck ich Ihnen die Fenster sauber.

Bei anderen wird die Dino-Manie dadurch ausgelöst, dass die Tierchen in den unglaublichsten Formen daherkamen. Versuch mal, dir einen möglichst skurril aussehenden Außerirdischen vorzustellen – und dann schau dir den Triceratops an. Bei der Wahl zur „Seltsamsten Kreatur aller Zeiten" würde der Triceratops garantiert gewinnen!

Lächerlich!

Manche Menschen sind auf dem Dinosaurier-Trip, seit sie ein Fossil gefunden haben. Wieder andere haben sich in den Kopf gesetzt, die Dinosaurier zu erforschen, um das größte Geheimnis von allen zu lüften – warum die Dinos ausgestorben sind. Stell dir vor, wie aufregend es sein muss, die Überreste eines Dinosauriers zu entdecken! Und das ist erst der Anfang des Abenteuers. Denn dann folgt die kitzelige Aufgabe, die Einzelteile richtig zusammenzusetzen und herauszufinden, was für ein Saurier es war und wie er gelebt hat.

Weil es über Dinosaurier so viel zu forschen und zu wissen gibt, existieren auch viele unterschiedliche Meinungen zu dem Thema. Die Leute, die sich berufsmäßig über Dinosaurier streiten, nennt man *Paläontologen*. Das ist der vornehme Ausdruck für Menschen, die Fossilien untersuchen.

Ein Paläontologe ist eine Mischung aus Wissenschaftler, Forscher und Detektiv. Klingt richtig spannend, oder? Ganz im Gegensatz zu den merkwürdigen, zungenbrecherischen Wörtern, die sie häufig benutzen. Die meisten Paläontologen sind sowohl Experten für Geologie (also u. a. auch für die Gesteine, in denen Dinosaurierfossilien entdeckt werden) als auch für Zoologie (das heißt für den Knochenbau und das Verhalten von Tieren). Und manchmal braucht man eine ganz eigene „-logie", um zu verstehen, wovon sie überhaupt reden …

Will sagen: Dies ist ein männlicher Löwe. Er gehört zur Familie
der Katzen und ist ein typischer Fleischfresser.

Will sagen: Der Löwe jagt, indem er sich an seine Beute heranschleicht.
Er lässt einen kleinen Pflanzenfresser unbeachtet und verfolgt stattdessen einen menschlichen Zweibeiner.

Nachdem der Homo sapiens die Inzisive betrachtet hat, deren Form perfekt geeignet ist, um Fleisch zu zerschneiden, und nachdem er erkannt hat, dass die Haltung des Panthera leo Sprungbereitschaft signalisiert, entschließt er sich, seine lokomotorischen Fähigkeiten anzuwenden.

Will sagen:
Nachdem ich die scharfen Zähne des Löwen gesehen habe, mit denen er Fleisch wie Butter zerschneiden kann, und nachdem ich gemerkt habe, dass der Löwe jeden Moment auf mich zuspringen wird, beschließe ich …

ABZUHAUEN!

Wenn du dich von langen und komplizierten Wörtern nicht abschrecken lässt, wirst du einige der längsten, größten und merkwürdigsten Tiere kennen lernen, die je unseren Planeten bevölkert haben. Komm mit in die wahnwitzige Welt der Dinosaurier, entdecke die erstaunlichsten Tiere, die es je gegeben hat – und eine Welt der ungelösten Rätsel von Leben, Tod und allem, was dazwischen liegt.

Mach dich auf Dinge gefasst wie Dino-Katastrophen, Dino-Speisepläne und übel riechenden Dino-Dung. Versuche selbst, herauszufinden, ob Dinosaurier Warmblüter waren und ob sie Vorfahren unserer heutigen Vögel sind. Bring den Tyrannosaurus Rex auf die Anklagebank, spiele Dino-Detektiv, teste deine Freunde mit Dino-Quizfragen, und staune über unsere vollkommen verblüffenden Dino-Infos. Was du hier über die Dinosaurier erfährst, wird mit Sicherheit gigantisch spannend, gigantisch aufregend und gigantisch cool sein – aber garantiert niemals gigantisch öde!

DIE ALLERERSTEN ANFÄNGE

Die Entdeckung des ersten Dinosauriers

Wie wurden die Dinosaurier wieder entdeckt? Wer hat sie Millionen Jahre, nachdem sie ausgestorben waren, wieder zum Leben erweckt? Um diese Fragen zu beantworten, begeben wir uns in das Jahr 1822 zurück, in die verschlafene Landschaft der englischen Grafschaft Sussex zu Zeiten König Georgs IV.

Nur neun Jahre zuvor war der Forscher Johann Burckhardt den Nil heruntergeschippert und hatte Europa die Wunderwelt der ägyptischen Pharaonen erschlossen. Und die friedliche Stille jenes Frühlingstags im Jahr 1822 sollte nun durch die Entdeckung von etwas noch Erstaunlicherem und weit, weit Älterem erschüttert werden. Nach 65 Millionen Jahren würde die Welt der Dinosaurier wieder ans Tageslicht kommen …

Dr. Gideon Mantell wollte zusammen mit seiner Frau Mary einen kranken Patienten besuchen. Die Sonne schien, als die beiden ihr Haus im englischen Lewes verließen und auf der unebenen Straße in Richtung Cuckfield fuhren. Mary erfreute sich an dem schönen Blick über die Felder, doch ihr Mann war schweigsam und in Gedanken versunken.

„Denkst du über dein Buch nach?", fragte Mary.

Dr. Mantell nickte. *Die Fossilien der South Downs* war seine ganze Freude und sein ganzer Stolz. Fossilien hatten ihn schon immer fasziniert, und im Lauf der Jahre hatte er eine große Sammlung davon angelegt.

Schon lange hatte er davon geträumt, ein Buch über diese Fossilien zu schreiben, und jetzt hatte er es endlich geschafft. Es hatte ihn mehr Mühe gekostet, als er angenommen hatte. Deshalb war er froh, dass Mary ihm geholfen hatte, die Illustrationen anzufertigen.

„Hoffentlich wird es ein Erfolg", dachte er beklommen. Denn er hatte so viel Zeit mit seinen Fossilien verbracht, dass seine Arztpraxis darunter zu leiden begann. Mary wusste noch nichts davon. Der Arzt behielt seine Sorgen für sich.

Schon hatten sie das Haus des Patienten erreicht. „Kommst du mit rein?", fragte Dr. Mantell auf dem Weg zur Tür. „Es dauert bestimmt nicht lange."

Mary schüttelte den Kopf. „Ich gehe ein wenig spazieren – es ist zu schade, bei diesem Wetter drinnen zu hocken. Keine Sorge, ich bin bald zurück."

Sie winkte und machte sich auf den Weg. Forschen Schrittes ließ sie das Dorf hinter sich. Sie atmete die frische Luft tief ein. Die Sonne schien warm, und Mary ging allmählich langsamer. Sie summte eine leise Melodie und schlenderte weiter die Straße entlang.

Nach ein paar hundert Metern bog sie um die Ecke. Hier war der Weg blockiert, weil eine Gruppe von Arbeitern die Straße reparierte. Als Mary an ihnen und dem Steinhaufen am Straßenrand vorbeiging, lächelten die Männer ihr zu und hörten einen Moment lang auf, zu arbeiten.

Mary wollte schon weitergehen, als ihr plötzlich etwas ins Auge fiel. Was war das? Die Steine zu ihrer Linken sahen irgendwie ungewöhnlich aus. Sie hatten eine seltsame Form und spiegelten das Licht auf eine merkwürdige Art.

„Das muss ich mir näher ansehen", dachte sie und bückte sich, um die Steine genau zu betrachten. „Das sind Fossilien", murmelte sie. „Aber sie sind anders als alle, die ich bisher gesehen habe. Solche gibt es nicht in Gideons Buch."

Sie musste ihren Mann fragen, was das für Fossilien waren. Mit aufgeregt klopfendem Herzen marschierte sie zurück zum Haus des Patienten. Als sie am Tor ankam, sah sie ihren Mann schon warten.

Dr. Mantell sah, wie seine Frau auf ihn zueilte.

„Hallo, Mary! Was ist denn los? Ist etwas passiert?“

„Alles in Ordnung“, erwiderte sie. „Aber ich habe etwas entdeckt, das dich bestimmt interessieren wird. Schau!“ Mary zeigte ihrem Mann die Fundstücke. „Sie lagen an der Straße dort hinten – in einem Steinhaufen. Ich glaube, es sind Fossilien, aber solche habe ich noch nie gesehen.“

„Gib mal her, dann wissen wir gleich, was es ist“, sagte Dr. Mantell zuversichtlich. Er nahm die Steine in die Hand und betrachtete sie genau. Sein Gesicht nahm einen verblüfften Ausdruck an, und er wurde ziemlich aufgeregt. „Du hast absolut Recht, meine Liebe. Was für ein Fund! Ich habe keine Ahnung, von welchem Tier sie stammen. Wo hast du sie entdeckt?“

Mary erklärte ihm, wo sie die Fossilien gefunden hatte, und die beiden machten sich sofort auf den Weg dorthin. Unterwegs konnte der Doktor seinen Blick nicht von den merkwürdigen Steinen abwenden. Er legte sie in seine Handflächen und hielt sie hoch gegen das Licht. Von welchem Geschöpf mochten sie nur stammen? Er kannte keines, das hierfür in Frage kam.

Bald erreichte das Paar die Steinhaufen und die Gruppe von Arbeitern.

„Entschuldigung“, sagte der Doktor, „könnte ich mit Ihrem Vorarbeiter sprechen?“

Ein großer Mann baute sich vor ihnen auf und wischte sich den Schweiß von der Stirn. „Ja, Sir, das bin ich. Was kann ich für Sie tun?"

„Ich wüsste gern, woher diese Steine stammen. Haben Sie sie hier ausgegraben, oder wurden sie hierher transportiert?"

Der Vorarbeiter kratzte sich am Kopf. „Tja, Sir, die kommen hier aus dieser Gegend. Wir kriegen sie von einem Sandsteinbruch ganz in der Nähe, und bisher hatten wir damit noch keine Schwierigkeiten."

„Nein, sicher nicht. Wunderbar, ich danke Ihnen. Meinen Sie, Sie könnten uns erklären, wo dieser Steinbruch ist?"

Die Mantells notierten sich die Beschreibung und machten sich auf den Weg zu dem Steinbruch. Dr. Mantell hatte sich schon einen Plan zurechtgelegt, und jetzt berichtete er seiner Frau davon. „Ich werde die Leute im Steinbruch bitten, nach weiteren ungewöhnlichen Steinbrocken Ausschau zu halten. Wenn sie tatsächlich noch mehr Fossilien finden, dann werde ich die Versteinerungen einigen Experten vorlegen, über die ich gelesen habe. Ich habe das Gefühl, dass wir kurz vor einer großen Entdeckung stehen. Dies könnte der bedeutendste Tag unseres Lebens sein …"

Der erste Teil von Dr. Mantells Plan funktionierte: Im Steinbruch entdeckte man eine weitere Versteinerung. Doch was geschah danach?

A. Dr. Mantell zeigte die Fossilien den damaligen Experten. Er nahm an, dass die Versteinerungen von einer riesig großen ausgestorbenen Tierart stammten. Doch niemand glaubte ihm. Daraufhin gab Mantell sein Interesse für Fossilien auf und konzentrierte sich wieder auf die Medizin. Seine Entdeckung kam erst Jahre später ans Tageslicht, als man die Fossilien in seiner Sammlung entdeckte.

B. Die Experten wollten der Theorie des Doktors keinen Glauben schenken, doch Mantell gab nicht auf. Er fand heraus, dass die Versteinerungen Ähnlichkeit mit einer Echsenart hatten, nämlich dem Leguan, und er veröffentlichte seine Entdeckung. Allerdings kam er dadurch weder zu Ruhm noch zu Geld. Seine Frau verließ ihn, und um nicht in den Ruin zu stürzen, musste er seine Fossiliensammlung verkaufen.

C. Die Experten zeigten sich von Dr. Mantells Fossilien sehr beeindruckt. Am Ende einer Konferenz von hochrangigen Spezialisten wurden sie als die Überreste eines Riesenleguans identifiziert. Man feierte Dr. Mantell öffentlich als Genie, und er wurde bald steinreich. Sein Medizinerdasein gab er völlig auf und widmete sich den Rest seines Lebens dem Studium der Fossilien.

Schon gewusst ...?

Dr. Gideon Mantell ging in die Geschichte ein als der erste Mensch, der einen Dinosaurier entdeckte. Doch er gab den Dinosauriern nicht ihren Namen. Diese Ehre wurde dem berühmten britischen Wissenschaftler Sir Richard Owen bei einem Vortrag am Freitag, dem 30. Juli 1841, zuteil. Bis zu diesem Tag waren bereits so viele Versteinerungen ausgegraben worden, dass Owen die Theorie äußerte, eine inzwischen ausgestorbene Gruppe von Reptilien habe Millionen von Jahren vor den Menschen die Erde bevölkert. Er nannte diese Tiere Dinosaurier. Dieses Wort stammt aus dem Griechischen: deinós *bedeutet „schrecklich" und* sauros *heißt „Eidechse".*

Die ersten Paläontologen

Dr. Mantell entdeckte zwar den Iguanodon, der erste Paläontologe war er jedoch nicht. Elf Jahre vor dieser Entdeckung fand Mary Anning, die elfjährige Tochter eines englischen Ladenbesitzers, das Skelett eines Ichthyosaurus, eines großen Meeresbewohners aus dem Jura-Zeitalter.

Mary Annings spektakulärer Fund war nur einer von vielen Gründen, warum die Paläontologie immer bekannter und beliebter wurde. Und je mehr Menschen sich auf die Suche nach Versteinerungen begaben, desto mehr fanden sie. Sie begannen Fragen zu stellen: „Wie alt sind die Fossilien?", und: „Warum ähneln sie keinem der Tiere, die wir kennen?"

Schon gewusst ...?
Einer der ersten Fossilienfunde, von denen wir wissen, geht auf das siebte Jahrhundert zurück. Damals wurden in Whitby im englischen Yorkshire versteinerte Ammoniten entdeckt (vorgeschichtliche Schalentiere). Man nannte sie „Schlangensteine", weil sie spiralförmig waren.

Erste Schwierigkeiten

Wenn du heute etwas über Dinosaurier oder über das Leben auf der Erde wissen willst, dann findest du ganze Regale voller Bücher über diese Themen. Aber wer Anfang des 19. Jahrhunderts irgendwelche Antworten suchte, für den gab es nur ein Buch – die Bibel. Zu dieser Zeit war die christliche Kirche die höchste Macht in Europa, und die meisten Menschen glaubten wortwörtlich, was in der Bibel stand.

Der Bibel zufolge hat Gott in sechs Tagen Himmel, Erde und alle Lebewesen erschaffen – und hat sich dann einen wohlverdienten freien Sonntag geleistet. Die Menschen waren leider nicht sehr dankbar für Gottes harte Arbeit. Sie fingen an, sich danebenzubenehmen. Um sie zu bestrafen, schickte Gott ihnen eine riesige Flut, die alles überschwemmte und nur Noah, seine Familie und die Tiere auf der Arche verschonte. Als die Sintflut zurückging, erreichte Noah mit seiner Arche wieder Land – und so stammen alle Menschen und Tiere, die heute auf der Erde leben, von Noahs Passagieren ab.

Über Jahrhunderte hinweg haben die Menschen an diese Version der Geschichte geglaubt (und manche glauben bis heute daran). Doch als die Geologen begannen, die Erde, die Gesteine und die Fossilien näher zu untersuchen, stellten sie auf einmal ganz neue Theorien auf. Die Kirche war nicht gerade erfreut, als sich plötzlich Menschen zu Wort meldeten, die ihre Lehre in Frage stellten. Das ist nicht weiter erstaunlich. Schließlich lässt sich niemand gerne sagen, dass er Unrecht hat – probier's mal bei deinen Lehrern aus!

Die Folge war, dass Wissenschaft und Kirche zu Gegnern wurden.

Ganz einfach:
Gott erschuf die Welt, und die Oberfläche der Erde mit all ihren natürlichen Formationen ist die Folge einer gigantischen Sintflut.

Der schottische Geologe Charles Lyell (1797–1895) führte 1831 Folgendes dagegen an:

Meine Beobachtungen beweisen, dass die Erde über Millionen von Jahren hinweg durch natürliche Prozesse geformt wurde. Der Wind trägt Berge ab, Flüsse waschen Täler aus, Vulkane brechen aus und wachsen zu immer größeren Vulkanbergen, Gezeiten und Wellen höhlen Klippen aus und verändern die Küstenlinien. Aus alldem schließe ich, dass es keine Sintflut gegeben hat und dass die Erde viel älter ist, als bisher angenommen wurde.

Bald gab es auch neue Theorien über die Entstehung der Erde, und die Paläontologen machten ein Fragezeichen hinter die Erklärung der Kirche, woher die versteinerten Überreste dieser seltsamen großen Tiere stammten.

Ganz einfach. Es sind die Überreste von Ungeheuern, die von der Sintflut vernichtet wurden.

Und wenn es diese Flut gar nicht gegeben hat? Wenn das die Überreste von Tieren sind, die vor Millionen von Jahren existierten? Und wenn sie die Vorfahren der Tiere sind, die heute auf der Erde leben?

Diese Fragen gaben damals den größten Geistern der Wissenschaft jede Menge Stoff zum Nachdenken. Paläontologen verglichen versteinerte Knochen mit den Knochen von bekannten Tieren und entwickelten Ideen, wie die Unterschiede zu erklären seien. Es gab einige falsche Ansätze, bevor endlich eine Theorie aufgestellt wurde, die nah am Kern der Wahrheit war.

Theorie mit kleinen Schönheitsfehlern
Jean-Baptiste de Monet, Chevalier de Lamarck (1744–1829), war ein kleiner französischer Adeliger mit einem großen Interesse an Tieren. Er war davon überzeugt, dass Tiere und Pflanzen Eigenschaften entwickeln, mit denen sie in ihrer Umwelt besonders gut zurechtkommen – und dass sie diese Eigenschaften an ihre Nachkommen weitervererben. Heute hält man viele der Ideen Lamarcks für falsch. Aber immerhin war er als Erster darauf gekommen, dass Tiere sich weiter-

entwickeln und ihre neuen Eigenschaften an die folgende Generation weitergeben können. Lamarcks Theorie und die Bücher von Charles Lyell ebneten den Weg für …

Die haargenau richtige Idee

1859 veröffentlichte der Engländer Charles Darwin (1809 – 1882) ein Buch mit dem Titel *Die Entstehung der Arten durch natürliche Zuchtwahl*. Ein Riesen-Titel, aber auch eine Riesen-Idee, die sich auf Darwins Beobachtungen an Tieren und Pflanzen stützte. Ihre Grundpfeiler waren diese vier Punkte:

Punkt 1: Natürliche Zuchtwahl

Darwin erkannte, dass in der Natur ziemlich raue Sitten herrschen: fressen oder gefressen werden. Er behauptete, dass nur die cleversten oder flinksten Tiere überleben – oder diejenigen, die am besten an ihre natürliche Umgebung angepasst sind.

Punkt 2: Genauso, aber anders

Darwin fiel auf, dass es unter den Nachkommen aller Tierarten immer wieder Exemplare gibt, die eine bessere Überlebensschance haben als ihre Artgenossen. Tiere mit einer besonders guten Tarnung zum Beispiel sind besser vor ihren Feinden geschützt als solche ohne gute Tarnung.

Punkt 3: Ein Haufen Babys

Die Tiere mit den größten Überlebenschancen haben die Möglichkeit, für den meisten Nachwuchs zu sorgen.

Punkt 4: Revolution

Die Tiere jeder neuen Generation sind deshalb besser an ihre

Umgebung angepasst als die der vorherigen. Darwins Theorien erklärten, weshalb manche Tierarten ihr Aussehen im Lauf der Zeit verändert hatten und warum diejenigen, die sich nicht so erfolgreich weiterentwickelt hatten, ausgestorben waren.

Darwins Theorie war so revolutionär, dass er sich nicht ein oder zwei Jahre, sondern *zwanzig* Jahre Zeit nahm, um sie zu veröffentlichen. Sie verursachte damals einen riesigen Aufruhr, und bis heute gibt es Leute, die nicht davon zu überzeugen sind. Was die Dinosaurier betrifft, ist diese Theorie allerdings wahnsinnig wichtig. Als die Dinos entdeckt wurden, glaubten die meisten Menschen der Erklärung der Kirche. Sie behauptete, es handle sich um riesige Ungeheuer, die vor der Sintflut gelebt hatten. Nachdem aber Darwin und andere Wissenschaftler seiner Zeit ihre Ideen veröffentlicht hatten, begannen auch die Dinosaurier-Forscher, ihre versteinerten Funde unter diesem Aspekt zu untersuchen. Heute sind die Paläontologen davon überzeugt, dass sich auch die Dinosaurier während der Zeit, in der sie die Welt beherrschten, immer weiterentwickelten und veränderten. Sie nehmen die Tierwelt von heute unter die Lupe und versuchen dadurch herauszufinden, wie die Dinosaurier früher lebten.

Man könnte denken, dass die Paläontologen nach den ersten Streitereien die Nase voll hatten von dem ständigen Ärger. Aber ganz im Gegenteil. Du wirst bald feststellen, dass die Meinungsverschiedenheiten, die Dr. Mantells Entdeckung ausgelöst hat, noch immer riesig sind und dass die Dinos die Forscher bis heute völlig verrückt machen.

DAMALS BEI DEN DINOSAURIERN

Es ist schon ewig her, dass die Dinosaurier die Erde bevölkerten. Und deshalb ist es auch so schwierig, sich vorzustellen, wann sie gelebt haben. Erinnere dich mal an irgendein Ereignis, das schon sehr lange her ist (zum Beispiel deine letzte Taschengelderhöhung). Liegt es zwei Jahre zurück? Dann verdreifache diese Zeit, multipliziere sie mit tausend, verdopple sie, verdopple sie nochmals – und du bist immer noch weit von der Zeit der Dinosaurier entfernt.

Denn die ersten Dinosaurier lebten vor etwa 245 Millionen Jahren. Über 180 Millionen Jahre lang lebten sie auf diesem Planeten, bis sie vor etwa 65 Millionen Jahren plötzlich ausstarben. Stell es dir einmal so vor: Wenn die Zeit, seit es Leben auf der Erde gibt, in ein einziges Jahr zusammengepresst würde, dann entstand das Leben am 1. Januar; die Dinosaurier tauchten am 5. Dezember auf, und am 24. Dezember starben sie aus. Die Menschheit entstand erst in den letzten Minuten des 31. Dezember.

DAS LEBEN AUF DER ERDE IN EINEM JAHR

Mach Platz!

Jan. Feb. Mär. Apr. Mai Jun. Jul. Aug. Sept. Okt. Nov. Dez.

Während der Jahrmillionen, in denen die Dinosaurier lebten, veränderten sich die Oberfläche der Erde, das Wetter und die Pflanzen. Viele verschiedene Dinosaurierarten entwickelten sich, starben wieder aus und wurden von neueren Arten abgelöst. Die Paläontologen wissen nicht ganz genau, wann das alles im Einzelnen geschah. Doch die folgenden Seiten geben dir einen Eindruck davon, was zu Zeiten der Dinosaurier eine Schlagzeile wert gewesen wäre.

TRIAS-Anzeiger

ZEIT: VOR 280 BIS 245 MILLIONEN JAHREN

Ein neues Zeitalter bricht an

Willkommen am Beginn eines faszinierenden Zeitalters, der Trias. Große Ereignisse werfen ihren Schatten voraus – die Dinosaurier werden erwartet und sollen die Herrschaft über die Tierwelt übernehmen.

Geburten und Todesfälle

Untere Trias

Die schlechte Nachricht: Wir müssen uns von den Therapsiden verabschieden. Diese haarigen, säugetier-ähnlichen Reptilien sind nun leider ausgestorben. Die gute Nachricht: Wir dürfen die Archosaurier begrüßen, eine Gruppe kleinerer, echsenartiger Reptilien.

Steckbrief: Lagosuchus
Name: Lagosuchus – ein frühes, typisches Mitglied der Archosaurier-Familie
Größe: 30 cm lang
Lieblingsbeschäftigung: Jagen
Leibspeise: Insekten und Larven
Eigenschaften: Er besitzt scharfe Zähne sowie lange Beine und einen schlanken Körper – ideal, um beim Jagen richtig Tempo zu machen.

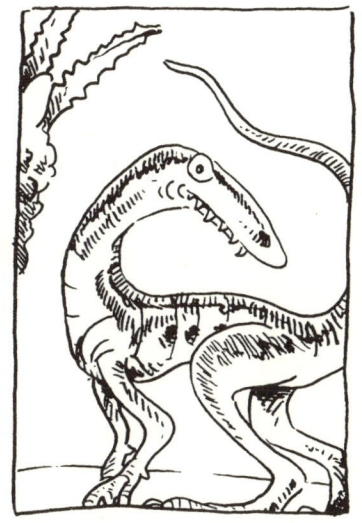

Mittlere Trias

Es ist Zeit, sich von den ersten Archosauriern zu verabschieden und dafür eine neue Gruppe von Tieren willkommen zu heißen – die Dinosaurier. Die ersten Dinosaurier sind größtenteils Raubtiere.

Obere Trias

Wir begrüßen die ersten Arten Pflanzen fressender Dinosaurier, dicht gefolgt von …

Steckbrief: Eoraptor
Name: Eoraptor – einer der ältesten Dinosaurier, die bisher entdeckt wurden
Größe: 1 m lang
Lieblingsbeschäftigung: Jagen
Leibspeise: Kleine Reptilien
Eigenschaften: Quasi eine verbesserte Version des Lagosuchus. Der Eoraptor ist größer und schneller, hat größere Krallen und Zähne.

Steckbrief: Anchisaurus

Name: Anchisaurus – ein früher Pflanzen fressender Dinosaurier

Größe: 2,5 m lang

Leibspeise: Pflanzen

Eigenschaften: Er ist besonders stolz auf seinen langen Hals. Außerdem hat er kräftige Vorderbeine mit großen, gebogenen Krallen, mit denen er wunderbar Nahrung von Bäumen und Büschen klauben kann.

Trends der Trias

Je größer, desto besser – das scheint das Motto der Dinosaurier zu sein. Im Laufe der Zeit hat die Körpergröße immer mehr zugenommen, und es gibt keine Anzeichen dafür, dass sich dieser Trend ändert.

Wetterbericht

Das Klima ist überall warm und mild. In Küstenregionen kann mit Schauern gerechnet werden, da der Wind aus den Meeren Feuchtigkeit aufnimmt. Im Inland wird es dagegen wüstenartig heiß.

Reisejournal

Umherziehen ist für die Dinosaurier kein Problem,
denn zu dieser Zeit gibt es auf der Erde nur eine einzige große Landfläche. (Die Paläontologen werden diesen Riesenkontinent später Pangäa nennen, das heißt
„alles Land".)

Reisetipp: Meiden Sie „heiße" Regionen!

Nach dem Verschwinden zahlreicher Arten raten wir
allen Dinosauriern davon ab, die aktuellen Krisen-
herde zu durchwandern – die riesigen Wüstenflächen
Pangäas. Zwar weiß niemand genau, was mit den dort
verschwundenen Tieren passiert ist, aber es ist gut
möglich, dass sie durch die Dürre und durch plötzliche
Sandstürme umkamen. (Anmerkung des Herausge-
bers: Paläontologen werden ihre Knochen in völlig
verdrehten Positionen entdecken.)

Neues aus der Natur

Wir freuen uns über diese neue Rubrik unserer Zeitung. Naturliebhaber werden begeistert sein von dem Bild einer typischen Landschaft aus der Trias. An Seen und Flüssen wachsen Farne, in trockeneren Gebieten gedeihen Araukarien und andere große Nadelbäume.

Rätselecke

Lust auf einen Ratewettbewerb? Diese Tiere lebten auch im Zeitalter der Trias. Kannst du ihnen die richtigen Namen zuordnen?

JURA-Anzeiger
ZEIT: VOR 200 BIS 135 MILLIONEN JAHREN

Dinosaurier an der Macht

Jetzt ist es amtlich. Im Zeitalter des Jura sind die Dinosaurier die herrschenden Tiere der Erde. Sie haben sich besser als alle anderen an Klima- und Umweltveränderungen angepasst, und es gibt mehr Dinosaurierarten als je zuvor. Kann diese Erfolgsstory so weitergehen? Wir werden sehen.

Geburten und Todesfälle

Unterer Jura

Es ist Zeit, den ersten, kleinen Pflanzen fressenden Dinosauriern Lebewohl zu sagen. Dafür heißen wir Neuankömmlinge wie den Lesothosaurus, einen Sauropoden, und andere zweibeinige Dinosaurier mit vogelähnlichen Füßen willkommen.

Mittlerer Jura

Einige große Pflanzenfresser haben wir bereits begrüßt. Nun aber tauchen große Fleisch fressende Mitglieder der Theropodenfamilie auf.

Hallö-
chen!

Oberer Jura

Einige noch größere Pflanzenfresser halten Einzug. Diplodocus stirbt aus und wird von Tieren abgelöst, die noch eine Nummer größer sind. Außerdem tauchen jetzt die ersten Stegosaurier auf.

Steckbrief: Diplodocus
Name: Diplodocus – ein Mitglied der Familie der Sauropoden
Größe: 27 m lang
Lieblingsbeschäftigung:
Fressen
Leibspeise: Pflanzen
Eigenschaften: Der Diplodocus läuft auf vier Beinen. Er hat einen langen Schwanz und einen langen Hals – ideal, um an die Äste großer Bäume heranzukommen.

Steckbrief: Allosaurus
Name: Allosaurus („andere Echse"), ein mächtiges Mitglied der Theropodenfamilie
Größe: 11 m lang
Leibspeise: Große Pflanzen fressende Dinosaurier wie der Stegosaurus
Eigenschaften: Ein langer Schwanz, kräftige Füße und riesige, scharfe Krallen

Steckbrief: Brachiosaurus
Name: Brachiosaurus, ein riesiger Sauropode
Größe: 23 m lang und 12 m hoch
Leibspeise: Pflanzen
Eigenschaften: Größe und Gewicht sind unglaublich. Der Brachiosaurus läuft auf vier Beinen und bringt über 70 Tonnen auf die Waage (achtmal mehr als ein Elefant von heute).

Trends aus dem Jura
Kein Zweifel: Einige Dinosaurier werden immer noch größer und größer. Der Brachiosaurus ist so groß, dass er sogar den Diplodocus und alle anderen Dinosaurier vor ihm in den Schatten stellt.

Wetterbericht

Insgesamt ist das Klima überall mild und warm. Doch es sind verstärkt Niederschläge zu erwarten. Die Meere zerfressen allmählich die Küstengebiete und überfluten weite Regionen bis in die Wüsten hinein.

Reisejournal

Das Reisen wird schwieriger, denn Pangäa teilt sich in zwei Kontinente. (Die Wissenschaft wird den nördlichen Kontinent später Laurasia nennen und den südlichen Gondwanaland.) Hinzu kommt, dass Vulkane ausbrechen und große Lavaströme über das Land spucken. Das Meer überflutet weite Gebiete, bildet neue Seen und deckt Wüsten zu. Viele Gebiete sind daher schwer zugänglich geworden. Statt umherzuziehen, bleiben die Dinosaurier eher in ihren Heimatgebieten und passen sich der veränderten Umgebung an.

Reisetipp: Teerfallen meiden!

Wenn irgend möglich, sollte man einen großen Bogen um Teergruben machen. Denn wer erst mal drinsteckt, dem bringen Zappeln und Strampeln den sicheren Untergang – ein extrem klebriges Ende.

Neues aus der Natur

Man könnte meinen, dass die Pflanzenfresser in Ekstase gerieten, als sie feststellten, dass es zusätzlich zu Farnen und Bäumen jetzt auch andere Pflanzenarten gibt. Doch als sie die neuen Pflanzen entdeckten, enthielten sie sich jeglichen Kommentars – sie waren viel zu sehr damit beschäftigt, sie zu fressen.

Rätselecke

Hast du Adleraugen? Teste deinen scharfen Blick und schau nach, wie viele der folgenden Tiere (die gleichzeitig mit den Dinosauriern auf der Erde lebten) du auf diesem Bild erkennst.

Bienen – diese Neuankömmlinge fangen gegen Ende des Jura-Zeitalters an zu summen.

Spitzmausähnliche Säugetiere – die kleinen, haarigen Wesen krabbeln über die Erde und graben sich in sie hinein.

Plesiosaurier und Ichthyosaurier – diese Meerestiere beherrschen das Meer.

Pterosaurier – sie sind fliegende Reptilien und erobern zu dieser Zeit die Lüfte.

Kreide-Anzeiger

ZEIT: VOR 135 BIS 65 MILLIONEN JAHREN

Wie lange wird die Herrschaft der Dinosaurier noch dauern? Für immer, wie es scheint. Es ist jetzt bereits über 100 Millionen Jahre her, dass die ersten Dinosaurier auftauchten, und es werden immer noch mehr. Manche Arten sind zwar bereits ausgestorben, aber sie wurden von neueren, besser angepassten Arten abgelöst. Es besteht kein Grund zu zweifeln, dass die Erfolgsstory der Dinosaurier weitergehen wird.

Geburten und Todesfälle

Unterkreide

Die riesigen Sauropoden verabschieden sich. Dafür gibt es jetzt viele neue Dinosaurierarten – zum Beispiel Ankylosaurus und Iguanodon, der zur Familie der Ornithopoden (Vogelfuß-Dinosaurier) gehört.

Steckbrief: Iguanodon
Name: Iguanodon
Größe: 9 m
Lieblingsbeschäftigung:
Mit den Iguanodonten-Kollegen in riesigen Herden umherziehen
Leibspeise: Pflanzen
Eigenschaften: Er läuft auf zwei Beinen und nutzt seine Größe, um an die Blätter großer Bäume heranzukommen. Seine Daumen sind zu Dornen umgebildet.

Mittelkreide

Unter den Neuankömmlingen befinden sich die Ceratopsier – die Horn-Dinosaurier. Doch für Pflanzenfresser wie sie beginnen jetzt harte Zeiten, denn auf der
Bildfläche erscheinen größere, stärkere und noch er-
folgreichere Raubsaurier. Diese Fleischfresser, zum
Beispiel der Tyrannosaurus Rex und der Velociraptor,
gehören zu den Familien der Carnosaurier und der
Coelurosaurier.

Oberkreide

Hadrosaurier, Pachycephalosaurier und Mitglieder der
Ceratopsiden-Familie tauchen erstmals auf der Erde auf.

Steckbrief: Tyrannosaurus Rex
Name: Tyrannosaurus Rex
Größe: 12 m lang
Lieblingsbeschäftigung: Jagen
Leibspeise: Iguanodonten und
andere Pflanzen fressende Di-
nosaurier
Eigenschaften: Er hat einen
dicken, kräftigen Hals, damit er
Fleisch von den Knochen der
Beutetiere reißen kann. Außer-
dem große, fein gezackte Zäh-
ne, um deren Haut zu zertren-
nen, und seltsam kleine Arme.

Trau dich doch …
Ich beiß dir die Zehen ab!

Steckbrief: Pachycephalosaurus
Name: Pachycephalosaurus
Größe: 8 m lang
Leibspeise: Pflanzen
Eigenschaften: Er hat einen unglaublich dicken Schädel mit vielen Zacken und Beulen, vermutlich um Rivalen Kopfstöße zu versetzen.

Wetterbericht

Nur noch 100 Millionen Jahre bis zur Erfindung des Regenschirms!

Das Klima bleibt weiterhin sehr mild und warm, doch erstmals gibt es feuchte und trockene Jahreszeiten.

Reisejournal
Reisen werden weiterhin durch zahlreiche Veränderungen erschwert. Die Landmassen schieben sich weiter auseinander, und Laurasia teilt sich in Nordamerika und Eurasia. Außerdem breiten sich tropische Urwälder aus, riesige Gebirgszüge entstehen, und die Vulkanaktivität nimmt dramatisch zu.

Wir raten dringend, alle unwichtigen Reisen abzusagen, und schlagen als Alternative vor, sich lieber den

Bedingungen der eigenen Heimat anzupassen und sich dort weiterzuentwickeln.

Reisetipps: Vorsicht vor Fluten und Vulkanen

Flutartige Überschwemmungen sollen große Herden von Pflanzenfressern auf dem nordamerikanischen Kontinent den Tod gebracht haben. Reisenden Dinosauriern empfehlen wir, diese Gefahr zu meiden, falls sie nicht wollen, dass man sie Millionen Jahre später als Knochenhaufen wieder entdeckt.

Wer als Dinosaurier auf Zack ist, kann Lavaströmen meist ausweichen. Doch von den aktiven Vulkanen geht auch eine unsichtbare Bedrohung durch giftige Gase aus. Unser Rat: Machen Sie einen großen Bogen um Vulkane!

Neues aus der Natur

Für alle Pflanzenliebhaber gibt es eine wundervolle Neuigkeit: Die ersten Blütenpflanzen wurden gesichtet …

Rätselecke

Diese beiden Bilder zeigen fast genau die gleiche Landschaft aus der Kreidezeit. Doch auf einem fehlen einige der Tiere, die zu dieser Zeit lebten. Findest du die fehlenden Tiere? (Lösung unten)

4. Die Säugetiere kommen noch immer als kleine, spitzmausähnliche Wesen daher, die hauptsächlich nachts aktiv sind.

3. Riesige, krokodilähnliche Mosasaurier und langhalsige Plesiosaurier durchschwimmen die Meere.

2. Der größte Flugsaurier, den es je gab, schwingt sich in die Lüfte: der Quetzalcoatlus.

1. Schlangen kriechen herum.

Letzte Meldungen

ZEIT: VOR 65 MILLIONEN
JAHREN

Wo seid ihr denn alle?

Dinosaurier verschwunden!

Die Herrschaft der Dinosaurier ist vorüber. Nach Millionen erfolgreicher Jahre sind plötzlich alle Dinosaurierarten ausgestorben.

Den geschockten Überlebenden des Tierreichs (darunter Säugetiere, Vögel und Schildkröten) bleibt das Geschehen unerklärlich. „Gerade waren sie noch da, und ein paar tausend Jahre später sind sie plötzlich alle weg", lautet ein oft gehörter Kommentar.

Unsere Reporter untersuchen die Ursachen dieser furchtbaren Katastrophe. Wir hoffen, unseren Leserinnen und Lesern in Kürze Neues darüber mitteilen zu können.

BERÜHMTE DINO-FAMILIEN

Wie würdest du einen typischen Naturwissenschaftler beschreiben? (Wenn du keinen kennst, stell dir einfach deinen Biolehrer vor.) Ein bisschen versponnen, zerstreut, völlig durch den Wind? Die meisten Wissenschaftler mögen von außen betrachtet wirklich recht chaotisch wirken. In ihrem Kopf aber ist alles fein säuberlich geordnet.

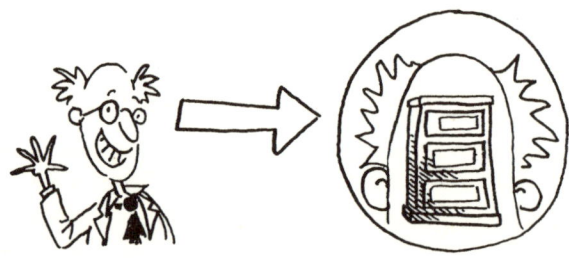

Als die Paläontologen erkannt hatten, dass Dinosaurier keine Ungeheuer waren, begannen sie, die Dinos wissenschaftlich zu erforschen. Eine ungeheuer schwierige Aufgabe, wie sie bald feststellten: Sie mussten gemeinsame Eigenschaften finden und die Dinosaurier danach in Familien einteilen. Hast du schon mal versucht, von deiner eigenen Familie einen Stammbaum aufzuzeichnen? Dann weißt du, wie kompliziert so etwas ist. Und jetzt stell dir vor, du sollst Familienstammbäume von Tieren erstellen, die schon vor Millionen und Abermillionen von Jahren ausgestorben sind …

War der Tyrannosaurus nun mein Großonkel oder nicht?

Einigen Dinosauriern konnte man noch relativ einfach die passenden Cousins zuordnen, doch die meisten Verwandten ließen sich weit schwieriger aufspüren.

So ordneten die Wissenschaftler den Scelidosaurus, einen großen, vierbeinigen Dinosaurier, nacheinander in die Familien der Ankylosaurier, Stegosaurier und Ornithopoden ein.

Nach langen Diskussionen einigten sich die Paläontologen schließlich darauf, die Dinosaurier in folgende Familien einzuteilen. Doch wer weiß – vielleicht wartet um die Ecke (oder unter der Erde) noch ein völlig unbekannter Dinosaurier, dessen Entdeckung die ganze schöne Gruppierung wieder über den Haufen wirft!

Der Anfang

Alles begann mit den **Thecodontiern** in der unteren Trias (siehe Lagosuchus-Steckbrief auf Seite 27). Diese Tiere waren Vorgänger der Dinosaurier. Von ihnen ausgehend, fanden die Paläontologen heraus, dass man die verschiedenen Dinosauriergruppen an ihren Beckenknochen unterscheiden kann.

Die eine Gruppe hatte Beckenknochen wie Reptilien. Man nannte sie **Saurischier** oder Echsenbeckendinosaurier. Die andere Gruppe besaß Beckenknochen wie Vögel. Sie wurde **Ornithischier** oder Vogelbeckendinosaurier genannt. Ganz einfach, oder? So weit, so gut.

Die Saurischier wurden wiederum in zwei Gruppen untergeteilt: die **Theropoden** und die **Sauropoden**. Kannst du noch folgen? Na prima. Befassen wir uns also erst einmal mit den Theropoden.

Theropoden

Diese Bande sollte dich besser nicht in die Klauen kriegen. Theropoden waren die ersten Fleisch fressenden Dinosaurier. Sie liefen aufrecht auf zwei Beinen und jagten so ihre Beute. Mit ihren scharfen Zähnen und Krallen durchtrennten sie das Fleisch. Ein berühmter Theropode war der Allosaurus. Er wurde bis zu elf Meter lang und brachte mehrere Tonnen auf die Waage.

Zwei Gruppen

Auch wenn die Theropoden alle einiges gemeinsam hatten, unterschied sie doch auch manches voneinander. Deshalb teilt man sie in zwei Gruppen auf: die **Carnosaurier** und die **Coelurosaurier**.

Carnosaurier (das bedeutet „Fleisch-Echsen") waren vor allem riesig und sehr stark. Manche von ihnen waren ausgesprochen gefährlich. Der riesigste von allen war Tyrannosaurus Rex mit 14 Meter Länge und über vier Tonnen Gewicht.

Die **Coelurosaurier** dagegen waren klein und leicht. Ihre Trümpfe waren Schnelligkeit und Wendigkeit statt Größe. Scharfe Zähne und Krallen zum Fleischfressen hatten sie allerdings auch. Der Compsognathus zum Beispiel war nicht größer als eine Katze.

Sauropoden

Die Sauropoden gehörten wie die Theropoden zu den Echsenbeckendinosauriern. Doch abgesehen davon gab es zwischen ihnen fast überhaupt keine Gemeinsamkeiten. Die Sauropoden („Echsenfüßler") waren Pflanzenfresser. Sie liefen auf vier Beinen und lebten nach dem Motto „big is beautiful". Zu den riesengroßen Mitgliedern der Sauropodenfamilie gehörten der Diplodocus, der Supersaurus und der Brachiosaurus.

Ornitischier

Unter diesen Dinosauriern mit vogelähnlichem Becken unterscheiden die Paläontologen eine ganze Reihe von Familien. Bist du bereit? Na dann los!

Die **Ornithopoden** hatten einiges gemeinsam: Sie gingen aufrecht auf zwei Beinen und waren Pflanzenfresser. Andere typische Eigenschaften waren ein verhornter Schnabel und vogelähnliche Füße. Der Iguanodon, den Dr. Gideon Mantell entdeckte, war ein Ornithopode.

Die **Hadrosaurier** sind eigentlich eine Untergruppe der Ornithopoden. Das Besondere an ihnen waren ihre entenähnlichen Schnäbel. Die meisten hatten außerdem einen hohlen Knochenkamm auf dem Kopf.

Die **Pachycephalosaurier** zu charakterisieren bereitete den Paläontologen kein großes Kopfzerbrechen. Diese zweibeinigen Pflanzenfresser waren große Dickschädel – nicht weil sie besonders eigensinnig waren, sondern wegen ihrer riesigen, dicken Köpfe.

Die Mitglieder der **Stegosaurier**-Familie sind genauso deutlich zu erkennen. Sie hatten Knochenplatten oder Dornen auf dem Rücken. Alle Mitglieder dieser Familie hatten kleine Köpfe und liefen auf vier Beinen. Zu ihnen gehörte auch der Kentrosaurus.

Dino-Fans würden **Ankylosaurier** auf den ersten Blick erkennen. Der Körper dieser Tiere war bedeckt mit harten Knochenplatten, was ihnen die Anmut und die Eleganz von Militärpanzern verlieh. Das i-Tüpfelchen ihres Panzer-Looks war ein dornenbesetzter Schwanz, der ihnen als Waffe diente. Sie stampften auf vier Beinen durch die Landschaft.

Die **Ceratopsier** oder Horndinosaurier waren die „Spätentwickler" der Dinosaurierwelt. Denn sie waren die letzte Dino-Familie, die auf der Erde auftauchte. Sie liefen auf vier Beinen, trugen große Hörner auf dem Kopf und riesige knöcherne Nackenschilde. Die Horndinosaurier sahen zwar gefährlich aus, waren aber Pflanzenfresser.

Verflixt verzwickte Namensgebung

Nachdem die Wissenschaftler die Dinosaurier in Familien eingeteilt hatten, waren sie noch lange nicht fertig. Denn nun wollten die einzelnen Dinosaurierarten noch einen Namen haben.

Einem Tier oder einer Pflanze einen Namen zu geben ist eine ernste Angelegenheit. Sie folgt strengen Gesetzen, die einst der schwedische Zoologe und Globetrotter Carl von Linné (1707–1778) festschrieb. Deshalb hat jeder Dinosaurier einen zweiteiligen wissenschaftlichen Namen, zum Beispiel Tyrannosaurus Rex.

Der erste Name bezeichnet die Gattung, der zweite die Art. Damit du siehst, wie das funktioniert, vergleichen wir hier den Tyrannosaurus einmal mit einer Hauskatze.

Familie: Felidae

Gattung: Felis

Art: domesticus

Familie: Carnosauria

Gattung: Tyrannosaurus

Art: rex

Ein Tier erhält seinen Namen normalerweise von dem Forscher oder der Forscherin, die es entdeckt. Das klingt ganz einfach. Doch in dem Eifer, Lorbeeren einzukassieren, benannten früher viele Paläontologen eine Art, ohne vorher nachzuprüfen, ob jemand anderer sie vielleicht bereits entdeckt und benannt hatte.

Erstaunlich, aber wahr!

Der Pelorosaurus (das heißt „Monster-Echse") ist vermutlich der Dinosaurier mit den meisten Gattungsnamen! Zwischen 1850 und 1900 wurden in ganz England an verschiedenen Stellen Überreste dieses großen Sauropoden entdeckt. Fast jede dieser Entdeckungen führte zu einer eigenen Namensgebung. So hatte man schließlich den Chondrosteosaurus, den Dinodocus, den Eucamerotus, den Gigantosaurus, den Hoplosaurus, Ischyrosaurus und Morinosaurus. Als man deren Überreste genauer untersuchte, stellte man fest, dass es sich um Fossilien ein und derselben Dinosaurierart handelte.

Wie der Name schon sagt

Dinosaurier haben meistens lateinische Namen – nicht, damit sie besonders lang und schwer auszusprechen sind, sondern weil Latein die Sprache der Wissenschaft ist.

Wenn Paläontologen ihren Entdeckungen einen Namen geben, sind sie dabei meist nicht sonderlich originell, sondern halten sich an zwei Richtlinien:

1. Man gebe dem Dinosaurier einen Namen, der sein Aussehen beschreibt. – Triceratops zum Beispiel bedeutet „Gesicht mit drei Hörnern".

2. Man taufe den Dinosaurier nach dem Ort, an dem er entdeckt wurde. Wo wurde demnach der Pflanzenfresser Muttaburrasaurus entdeckt? Na klar – in Muttaburra, Australien.

Doch manchmal wurden diese Regeln auch über Bord geworfen. Kannst du dir vorstellen, wie die folgenden Dinosaurier zu ihrem Namen kamen? Ordne zu!

1. Tianchisaurus nedegoapeferima
2. Diplodocus carnegii
3. Gasosaurus
4. Austrosaurus mckillopi

a) Benannt nach dem Besitzer des Grund und Bodens, auf dem die Überreste dieses Dinosauriers gefunden wurden.
b) Benannt nach einem Industriezweig, der die Paläontologen mit Geldspenden unterstützte.
c) Benannt nach der Person, die die Ausgrabung finanzierte.
d) Benannt zu Ehren eines berühmten Filmregisseurs.

Lösung: 1d), 2c), 3b), 4a)

1d) Steven Spielberg, der Regisseur des Dinosaurier-Films *Jurassic Park*, ließ chinesischen Paläontologen eine Millionenspende zukommen. Die Folge ist, dass sich der Name des Ankylosauriers Tianchisaurus nedegoapeferima aus den ersten beiden Buchstaben des Namens der Filmstars aus *Jurassic Park* zusammensetzt.

2c) Andrew Carnegie war Multimillionär und verrückt nach Dinosauriern. Er finanzierte viele Ausgrabungen. Nicht nur sein Name wirkte auf die Paläontologen inspirierend, sondern auch der seiner Frau – was der Dinosauriername Apatosaurus louisae beweist.

3b) Der Gasosaurus war ein vier Meter langer Fleischfresser, der in China entdeckt wurde. Er erhielt seinen Namen 1985, nachdem die Treibstoff-Industrie in die Paläontologie große Geldsummen gepumpt hatte.

4a) Mr McKillop besaß in Australien eine Ranch. Er genehmigte, dass auf seinem Grund und Boden eine Ausgrabung stattfand. So kam auch Maiasaura peeblesorum zu seinem Namen.

FASZINIERENDE FOSSILIEN

Sicher ist dir inzwischen aufgefallen, dass Dinosaurierfreaks ein Riesenproblem haben. Denn wie kann man etwas über Tiere herausfinden, die schon seit Millionen von Jahren tot sind?

Die Antwort liegt natürlich bei den Fossilien. Für ungeübte Augen mögen Fossilien bloß wie alte Steinbrocken aussehen – doch in Wirklichkeit sind sie faszinierend. Ohne sie hätte niemals jemand auch nur geahnt, dass es Dinosaurier gab.

FAKTEN ÜBER FOSSILIEN

1. Das Wort „fossil" stammt vom lateinischen „fossilis" und bedeutet wörtlich „ausgegraben".

2. Dinosaurierfossilien sind nichts Neues – man kennt sie seit hunderten von Jahren. Doch bis die Paläontologen herausfanden, woher die versteinerten Knochen stammten, wusste niemand, was er da eigentlich gefunden hatte.

3. Alte chinesische Medizinbücher sprechen von „Drachenzähnen" und „Dracheneiern". Dabei handelte es sich mit ziemlicher Sicherheit um Dinosaurierfossilien. Es gibt auch eine Legende der australischen Ureinwohner über einen Emu-Mann, die auf dreizehigen Fußabdrücken in Felsen beruht. In Europa fand

---

man große Knochen, die man für Überreste von Einhörnern hielt, und in England wurde 1677 der enorme Oberschenkelknochen eines Megalosaurus ausgebuddelt und zu Robert Plot gebracht. Obwohl Plot Professor an der Universität von Oxford war, behauptete er zunächst, der Knochen stamme von einem Elefanten. Später änderte er seine Meinung und verkündete, dass er einem Riesenmenschen gehört habe.

Bastle deine eigenen Fossilien!

Heute wissen wir natürlich, dass Fossilien von Lebewesen stammen, die vor langer Zeit die Erde bevölkerten. Außerdem ist viel darüber bekannt, wie Fossilien entstehen. Im Allgemeinen ist das gar nicht so kompliziert – es dauert bloß fürchterlich lange.

1. Schritt: Nimm einen toten Dinosaurier, und lege ihn auf einen sandigen oder schlammigen Untergrund.

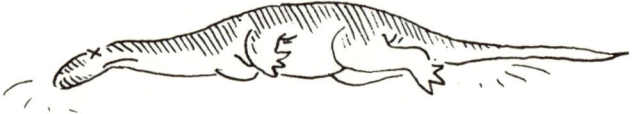

2. Schritt: Lass Aasfresser, Wind und Regen an die Dinoleiche, sodass Haut und Fleisch verwesen oder gefressen werden und nur das Skelett übrig bleibt.

3. Schritt: Bedecke die Knochen mit Schlamm und Sand. Füge immer mehr Lagen hinzu. Gieße Wasser darüber, und lass es durch die Schichten hindurchsickern.

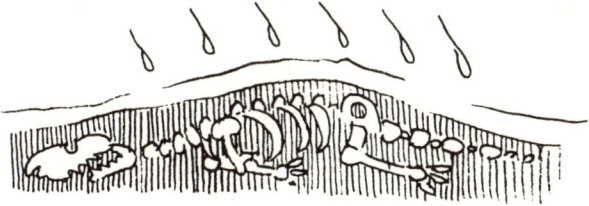

Lass viel Zeit verstreichen. Etwa siebzig Millionen Jahre wären optimal. Während dieser Zeit setzen sich die Mineralien, die im Wasser enthalten sind, in die winzigen Poren der Knochen. Auf diese Weise versteinern sie und werden zu Fossilien. Keine Sorge, wenn die Mineralien die Knochen zersetzen. Dann hast du immer noch die knochenförmigen Hohlräume, die man mit Gips füllen kann, um die genaue Form des fehlenden Knochens zu rekonstruieren.

WARNUNG
GRAB DIE KNOCHEN NICHT AUS, BEVOR SIE KOMPLETT VERSTEINERT SIND – SONST ZERFALLEN SIE.

4. Schritt: Wenn die Knochen erst einmal zu Fossilien geworden sind, lass es in den folgenden Millionen Jahren ab und zu regnen und winden. Dabei werden die Schlamm-, Sand- und Gesteinsschichten über deinem Dino-Skelett abgetragen, und seine versteinerten Überreste treten hervor.

Die blanken Knochen

Die Knochen zählen zu den härtesten Teilen des Körpers, und deshalb gehören Dinosaurierknochen (neben Zähnen und Krallen) zu den am häufigsten gefundenen Fossilien. Du glaubst, dass ein einziger Knochen noch nicht viel über das Leben der Dinosaurier verrät? Falsch gedacht – man ist durch solche Knochen bereits zu den erstaunlichsten Erkenntnissen gekommen.

ERSTAUNLICHE ERKENNTNIS NR. 1

Dinosaurier waren nicht immer so fit, wie es uns die Filmemacher aus Hollywood glauben machen wollen. Wissenschaftler haben anhand von versteinerten Knochen festgestellt, dass die Dinos an Arthritis, Geschwulsten und bakteriellen Infektionen litten. Daran sind sie zwar vermutlich nicht gestorben, doch wenn ein Dinosaurier durch so eine Krankheit lahm gelegt war, wurde er höchstwahrscheinlich von seinen Fleisch fressenden Kollegen um die Ecke gebracht.

ERSTAUNLICHE ERKENNTNIS NR. 2

Zu ihrer großen Überraschung stellten die Paläontologen fest, dass viele Dinosaurier zu ihren Lebzeiten Knochenbrüche hatten. Diese Brüche hatten sie sich nicht wegen ihrer Plumpheit zugezogen, sondern durch Kämpfe mit anderen Dinosauriern. Genau wie die Tiere, die wir heute kennen, trugen vermutlich auch die Dinos Kämpfe mit Artgenossen und anderen Dinosaurierarten aus.

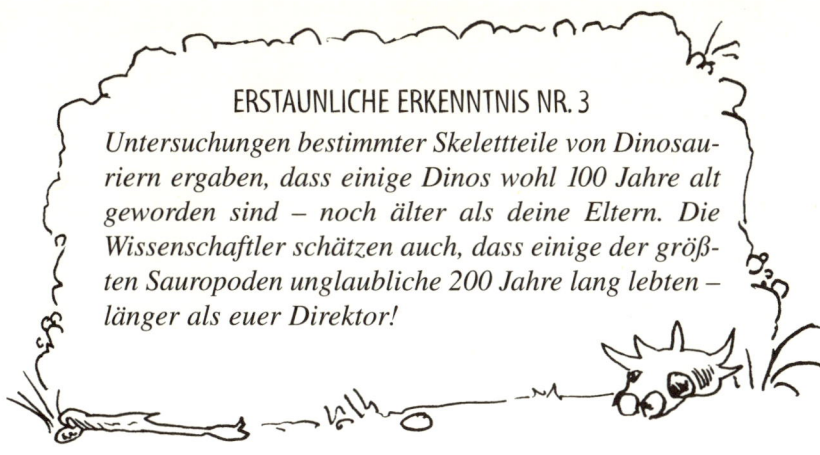

Spektakuläre Spuren

Paläontologen sind nicht nur wild auf versteinerte Knochen – jede Spur eines Dinosauriers ist für sie aufregend. Sie flippen geradezu aus, wenn sie Fußabdrücke, Eier oder auch nur den Mist von Dinosauriern entdecken. Für all diese Dinge haben sie ganz neue Namen erfunden. Kannst du jedem Fund den richtigen Namen zuordnen?

A. Dinosaurierei
B. Dinosauriermist
C. fossile Fußspur

1. Ichnofossil
2. fossiles Oolith
3. Koprolith

Lösung: A2, B3, C1

A. Als die ersten fossilen Eier entdeckt wurden, standen die Paläontologen vor einem großen Problem: Sie wollten zu gern nachschauen, was darinnen war – aber wie? Anfangs benutzten sie dazu Röntgengeräte. Heute legen die Paläontologen ihre fossilen Eier in einen Computertomografen. Mit diesem Apparat erhält man ein deutliches Bild vom Innern des Eis. So sind schon versteinerte Überreste winziger Dinosaurierbabys zum Vorschein gekommen.

Mithilfe von Computertomografen haben die Wissenschaftler eine Menge über Dino-Babys herausgefunden. In manchen Dingen waren sie genau wie die Menschenbabys – laut, chaotisch und übel riechend. Doch es gab auch einige deutliche Unterschiede.

Schon gewusst ...?
1. Frisch geschlüpfte Dinosaurier sahen noch komischer aus als Menschenbabys. Sie hatten riesige Köpfe und Augen. Hals, Beine und Schwanz waren dagegen relativ kurz.
2. Die Baby-Dinos wussten: Wenn sie klein blieben, würden sie große Schwierigkeiten bekommen. Also wuchsen viele von ihnen lieber, was das Zeug hielt. Der Mussaurus erblickte mit 28 cm Länge das Licht der Welt.

Und als er voll ausgewachsen war, war er mehr als 150-mal so groß! Würde dein kleiner Bruder oder deine Schwester genauso wachsen, dann würden sie etwa 90 Meter groß werden.

B. Dinosauriermist ist ja eigentlich etwas Ekliges. Aber Paläontologen sind ganz wild auf Koprolithen. Denn wenn sie diese üblen Überreste gründlich untersuchen, bekommen sie viele Informationen über die Länge der Dinosauriergedärme und über Dinos Leibspeise.

Bevor sie sich die Hände richtig schmutzig machen, legen die Paläontologen den versteinerten Stuhlgang in ein Salzsäurebad. Die Säure frisst sich durch das Gestein und die Mineralien, die den Mist umgeben, verschont aber die feste äußere Pflanzenschicht.

Wenn man den krümeligen Brei, der dabei übrig bleibt, durchs Mikroskop betrachtet, kriegt man eine Idee davon, was der Dinosaurier zuletzt gefressen hat. Dabei gibt es immer wieder Überraschungen. Denn die meisten Dinosaurier waren beim Essen alles andere als pingelig.

C. Versteinerte Fußspuren verraten oft unglaublich viel über Dinosaurier, und daher wird nach einer solchen Entdeckung sofort und Schritt für Schritt eine genaue Untersuchung durchgeführt. So musst du vorgehen:

1. Schritt: Wie viele Beine? Die Anzahl der Fußabdrücke eines einzelnen Dinosauriers sagt dir, ob er auf zwei oder auf vier Beinen lief.

2. Schritt: Zähl die Fußabdrücke. Eine große Anzahl Spuren derselben Dinosaurierart lässt darauf schließen, dass hier eine Herde vorbeigezogen ist.

3. Schritt: Miss die Entfernung zwischen den Spuren. So findest du heraus, wie schnell der Dinosaurier gelaufen ist.

4. Schritt: Identifizierung. Untersuch die Spuren, um festzustellen, ob sie irgendwelchen bereits bekannten Fußabdrücken ähneln.

Von wem die wohl stammen?

Von einem dusseligen Dino-Jäger.

Schon gewusst ...?

Fußspuren haben Paläontologen Hinweise darauf gegeben, dass einige Dinosaurier erstaunlich schnell laufen konnten. Allosaurus zum Beispiel war nicht nur einer der gemeinsten und gefährlichsten Dinosaurier, die es je gegeben hat, er gehörte auch zu den schnellsten. Der Fleischfresser erreichte schätzungsweise 40 km/h. Bei einem Wettlauf mit dem schnellsten Menschen der Welt hätte er ihn nicht nur abgehängt, sondern mit Haut und Haar als Siegprämie verspeist ...

Schuppenhaut

Zu den seltensten Dinosaurierspuren gehören Fleisch oder ein Hautabdruck. So ein Fossil entsteht, wenn die Haut eines toten Dinosauriers verwest, ihr Abdruck in der Erde jedoch versteinert. Spuren wie diese zeigen, dass die Haut der Dinosaurier hart und schuppig war. Aber leider kann niemand mit Sicherheit sagen, welche Farbe oder was für eine Zeichnung die Dinos hatten. Die Wissenschaftler vermuten lediglich, dass ihre Haut ähnliche Farben wie ihre Umgebung hatte, weil sie dann gut getarnt waren und die besten Überlebenschancen hatten.

Wer war Archäopteryx?

Bei all diesen Abdrücken geraten die Paläontologen gewöhnlich ziemlich aus dem Häuschen. Doch kein Fund hat sie so in Aufregung versetzt wie die fossilen Überreste des Archäopteryx. Die Entdeckung dieses Dinosauriers führte zu einem der größten Paläontologenstreits aller Zeiten.

Wann wurde Archäopteryx entdeckt? Das erste Skelett wurde 1861 in Bayern gefunden.

Und was war daran so besonders? Die Entdeckung zeigte einen außergewöhnlichen, perfekt erhaltenen Abdruck. Statt schuppiger Haut trug der Archäopteryx ein Federkleid!

Warum kam es dadurch zu heller Aufregung? Bis dahin hatte niemand geglaubt, dass es Dinosaurier mit Federn gab.

Und jetzt werden Sie mir gleich erzählen, dass sich die Paläontologen gegenseitig eingestanden, dass sie sich geirrt hatten. Klingt gut, war aber leider nicht der Fall.

Warum denn nicht? Als man den Achäopteryx untersuchte, fand man einige erstaunliche Dinge heraus.

Zum Beispiel? Der Archäopteryx war wie ein Vogel mit Federn bedeckt. Doch er hatte einen Knochenbau, der verblüffende Ähnlichkeit mit dem kleiner Dinosaurier aufwies, etwa mit dem Compsognathus. Er besaß auch andere Kennzeichen von Reptilien, zum Beispiel einen langen, knochigen Schwanz und Klauen.

Und das bedeutet? Die Wissenschaftler schlossen daraus, dass er eine Mischung aus Vogel und Reptil war.

Ist das so bemerkenswert? Oh ja. Der Archäopteryx besaß das Skelett eines Reptils, aber die Federn eines Vogels. Deshalb vermuteten die Wissenschaftler, er sei das fehlende Verbindungsglied in der Evolutionskette, das die Dinosaurier mit unseren heutigen Vögeln verbindet.

Wie kamen sie darauf? Ihre Theorie lautet, dass die ersten Vögel und die kleinen, Fleisch fressenden Dinosaurier wie der Compsognathus fast identische Skelette hatten. Über Millionen von Jahren hinweg entwickelten sich aus Schuppen Federn, und der Dinosaurier verlor seine Zähne und Klauen. Aus massiven Knochen wurden hohle, und aus den Vorderbeinen entwickelten sich Flügel, bis er schließlich in der Lage war, zu fliegen.

Aha. Und was ist daran so bedeutend? Wenn Vögel von Dinosauriern abstammen, dann hatten sie vermutlich einmal ähnliche Eigenschaften wie sie.

Welche denn zum Beispiel? Erst mal zwei für den Anfang: Vögel sind Warmblüter und können sich schnell bewegen – es ist gut möglich, dass es mit den Dinosauriern genauso war.

Okay, verstanden. Die Entdeckung des Archäopteryx war also der sichere Beweis, dass Dinosaurier und Vögel eng miteinander verwandt sind. Darüber müssen sich doch alle einig gewesen sein. Leider nicht. Es gab Wissenschaftler, die eine ganz andere Meinung über den Archäopteryx hatten.

Na, dann mal raus mit der Sprache. Ein Wissenschaftler erklärte ihn schlichtweg für einen missgebildeten Vogel.

Ich nehme an, dass irgendein helles Kerlchen diese Idee sofort widerlegte. Du sagst es. Ein pfiffiger Paläontologe wies darauf hin, dass der Archäopteryx ein vollständiges Gebiss im Schnabel hatte – und das ist typisch für Reptilien und nicht für Vögel.

Hat der's gut!

Und gab es noch mehr Theorien? Ganz genau. Der Münchener Zoologieprofessor Johann Andreas Wagner meinte, es handele sich um ein Reptil, dem Federn gewachsen seien.

Klingt ein bisschen schräg. Nicht so sehr wie Wagners nächste Idee. Er wollte den Archäopteryx „Griphosaurus" nennen, weil er seiner Ansicht nach ein Greif war – ein gefährliches Fabeltier mit Kopf und Flügeln eines Adlers und dem Körper eines Löwen.

Okay, das reicht. Hatte sonst noch jemand etwas über den Archäopteryx zu sagen? Und ob. Sir Fred Hoyle zum Beispiel behauptete, der Archäopteryx sei eine Fälschung.

Wie bitte? Er meinte, dass die Versteinerung nicht echt war? Richtig. Hoyle glaubte, dass die Wissenschaftler das Fossil gefälscht hatten, um einen Beweis für die Evolutionstheorie in der Hand zu haben.

Hat ihm das Beifall eingebracht? Ganz und gar nicht. Der Professor hat sich mit seinen Ideen ziemlichen Ärger eingehandelt. Einmal brauchte er sogar Polizeischutz, um in London eine Vorlesung zu halten.

Und was wurde aus seiner Behauptung? Genaue Untersuchungen bewiesen, dass das Fossil echt war.

Vielleicht waren die Untersuchungen ungenau! Kaum. Dummerweise wurden noch vier weitere vollständige Archäopteryx-Skelette gefunden.

Und das war's dann? Vorläufig ja. Es gab keine weiteren Theorien, die wirklich ernst genommen wurden. Aber man weiß ja nie, was die Zukunft bringt.

Schon gewusst …?
Der Streit darüber, ob die Vögel direkte Nachkommen der Dinosaurier sind, scheint nicht abzubrechen. Manche Wissenschaftler glauben immer noch, dass der Archäopteryx eine Fälschung sei. Andere meinen, dass seine Entdeckung einfach zu perfekt in die Evolutionstheorie hineinpasst.
Noch andere sind der Ansicht, dass der Archäopte-

ryx ganz einfach deshalb kein Abkömmling der Dinosaurier sein kann, weil die Dinosaurier gar nicht ausgestorben sind.

Bisher wurde zwar kein lebender Dinosaurier gefunden. Das hält die Menschen allerdings nicht davon ab, danach zu suchen. Diese Suche nach Dinosauriern und anderen sagenumwobenen Kreaturen hat sogar einen wissenschaftlichen Namen: Kryptozoologie. Viele Kryptozoologen behaupten, dass die Drachen, die in britischen, altnordischen und asiatischen Märchen vorkommen, ein Beweis dafür sind, dass einige Dinosaurier das Massensterben am Ende der Kreidezeit überlebten. Zurzeit beschäftigen sich die Kryptozoologen am liebsten mit Seeschlangen und anderen riesigen, im Wasser lebenden Wesen, die angeblich in Seen gesichtet wurden. Manche halten diese Wesen für Plesiosaurier, die seit Dinos Zeiten überlebt haben, weil sie sich in tiefen, kalten Gewässern aufhalten.

Vom Ungeheuer von Loch Ness hat wohl jeder schon einmal gehört. Aber „Nessie" könnte überall auf der Welt Verwandte haben, zum Beispiel in den Seen Amerikas, Russlands und Afrikas. 1990 leitete der britische Forscher Redmond O'Hanlon eine Expedition durch den afrikanischen Urwald. Dabei suchte er nach dem Kongo-Dinosaurier, der angeblich in Seen zu Hause war. Die Expedition wurde kein großer Erfolg – die Forscher sahen zwar viel vom tiefen dunklen Urwald, aber keinen Dinosaurier. Das Einzige, was O'Hanlon mit nach Hause nahm, war Malaria.

DINOS SPEISEPLAN

Hungrige Mäuler

Bitte deinen besten Freund oder deine Freundin einmal, den Mund aufzumachen. Was siehst du? Einige scharfe, spitze Zähne zum Zerteilen von Fleisch und andere, die oben flach sind, damit man damit Grünzeug kauen kann. Wir Menschen sind Allesfresser. Das bedeutet, dass wir sowohl Fleisch als auch Pflanzen essen können. Unsere Zähne sind für beides geeignet. Bei den Dinosauriern dagegen gab es zwei Typen – die Fleischfresser und die Pflanzenfresser. Sie hatten unterschiedliche Zähne, je nachdem, was sie fraßen.

Zähne gehören zu den härtesten Bestandteilen des Körpers, und deshalb werden recht häufig versteinerte Dinosaurierzähne gefunden. Man konnte sie daher schon sehr intensiv erforschen, sodass wir einiges über den Speiseplan der Dinosaurier wissen.

Auf den Zahn gefühlt

Dinosaurierzähne verraten uns, ob ihr Besitzer ein harmloser Pflanzenfresser oder ein Furcht erregender Fleischfresser war. Lass auch du dir auf den Zahn fühlen, und mach mit beim Dino-Zahnquiz. Versetz dich in die Zeit der Dinosaurier, und denk daran: Sich bei Zähnen auszukennen entschied über Leben und Tod.

Ein riesiger Dinosaurier taucht neben dir auf. Er reißt sein Maul auf und zeigt dir seine Kiefer, die mit hunderten von Zähnen besetzt sind. Bleibst du stehen und zählst sie, oder nimmst du die Beine in die Hand und fliehst?

Antwort: Wenn du ganz ruhig stehen bleibst, wird dir kaum etwas passieren. Es gab Pflanzenfresser, die hunderte von Zähnen besaßen, nur um damit Grünzeug zu zermahlen. Wenn Edmontosaurus lächelte, konnte er sogar über 1000 Zähne zeigen!

Wenige Minuten später entdeckst du einen Zahn, der wie ein Säbel gebogen ist. Er ist gerade dem Dinosaurier, der neben dir steht, aus dem Maul gefallen. Bist du noch sicher, oder solltest du schleunigst den Rückzug antreten?

Antwort: Wenn du nicht gleich kapierst, was Sache ist, bekommst du ernsthafte Schwierigkeiten. Fleischfresser wie der Allosaurus besaßen mehr als 60 solcher gebogenen Zähne, die speziell dafür geformt waren, Beute zu reißen.

Da kommt noch ein riesiger Dinosaurier. Vorn in seinem Maul

wird eine kurze Reihe bleistift-
förmiger Zähne sichtbar. Wen
hast du vor dir: einen Pflanzenfresser oder einen Fleischfresser?

Antwort: Einen Pflanzenfresser.
Der Diplodocus benutzte die
Zahnreihe vorn in seinem Maul,
um Blätter von Bäumen abzu-
streifen.

Zwischen den Bäumen tritt ein
anderer Dinosaurier hervor. Seine
Zähne haben die Form von Löf-
feln. Wirst du auf seiner Speise-
karte landen, oder kannst du ihm
gelassen in die Augen sehen?

Antwort: Bleib, wo du bist. Mit
seinen löffelförmigen Zähnen
konnte Amygdalodon wunderbar
Pflanzen in sich hineinschaufeln.

Ein kleiner Dinosaurier erscheint
auf der Bildfläche. Du erkennst
zwei Reihen gezackter Zähne in
seinem Maul. Ignorierst du den
Neuen, oder haust du lieber schnell
ab?

Antwort: Du solltest schleunigst
das Weite suchen. Gezackte Zähne sagen alles. Nur Fleischfresser
haben solche Zähne. Sie eignen
sich hervorragend, um das Fleisch
der Beutetiere zu zerschneiden.

Zahn auf Zahn

Bei den Dinosauriern wuchsen unter den Zähnen, die sie gerade in Gebrauch hatten, ständig neue Zähne nach. Der Tyrannosaurus Rex konnte sich in nur zwei bis drei Jahren ein komplett neues Gebiss zulegen. Es bestand aus 50 Zähnen.

Spezialbesteck

Nicht nur an den Zähnen konnte man die Pflanzenfresser von den Fleischfressern unterscheiden. Je weiter sich die beiden Gruppen entwickelten, desto besser waren sie insgesamt fürs Fressen ausgerüstet.

Schon gewusst ...?

Der Mamenchisaurus war ein Pflanzenfresser mit einem extrem langen Hals. Mit einer Gesamtlänge von 22 Metern (der Hals allein maß zehn Meter) stand dieser Dinosaurier vermutlich mitten in Teichen oder Seen und saugte mit seinem Hals wie mit einem Riesenstaubsauger die Pflanzen rundherum auf.

Einige Fleischfresser hatten Krallen, die besonders gut dazu geeignet waren, Beute zu erlegen. Der Baryonyx war der einzige Fleischfresser, von dem man weiß, dass er Fische fing – wahrscheinlich hat er seine Leibspeise mit seinen riesigen, gebogenen Krallen durchbohrt.

Der Velociraptor hatte an seinem zweiten Zeh eine geniale Sichelkralle, die er zurückziehen konnte. Beim Laufen war die Kralle harmlos hochgezogen, doch bei einem Angriff konnte er sie wie eine Sichel vorschwingen, um seine Beute zu schlagen.

Manche Wissenschaftler glauben, dass auch andere Fleischfresser geheime Waffen hatten. Es wird sogar vermutet, dass schon ein kleiner Biss für ihre Gegner tödlich sein konnte, weil sie in ihrem Maul Bakterien von verwesendem Fleisch hatten, die ihre Opfer schnell vergifteten.

Grausiges Geschlürf

Gute Esser

Wissenschaftler schätzen, dass große Fleischfresser wie der Tyrannosaurus Rex pro Tag ganze 135 kg Nahrung zu sich nehmen mussten, um zu überleben. Doch diese irre Menge wirkt wie ein kleiner Imbiss, verglichen mit dem, was riesige Sauropoden wie der Brachiosaurus und der Supersaurus fraßen. Diese Dinosaurier waren so verrückt auf Grünzeug, dass sie täglich eine ganze Tonne davon verschlangen!

Gibt's hier irgendwo Salatsauce?

Mordsmäßige Megaportionen

Das Maul des Allosaurus war an sich schon recht groß. Dennoch hatte er eine Methode, um noch größere Bissen in sich hineinzuschaufeln: Seine Kiefer waren durch dehnbare Bänder miteinander verbunden. So konnte er mit jedem Bissen mächtige Portionen Fleisch verschlingen.

Crème cannibal

Im Magen eines versteinerten Coelophysis entdeckte man die Knochen von einem seiner Kinder – ein wirklich krimineller Kannibale!

Wer wird denn wählerisch sein ...

Im Magen eines Hadrosauriers fand man die Überreste seiner letzten Mahlzeit – eine extrem schwer verdauliche Mischung aus Rinde, Zweigen, Kiefernzapfen und den Nadeln von Nadelbäumen.

Steinreich

Die Sauropoden hatten zwar einen gesegneten Appetit, aber nur wenige Zähne. Um die fehlenden Backenzähne zu ersetzen und harte Pflanzen besser verdauen zu können, verschluckten sie runde Kieselsteine und sammelten sie in ihrem Magen. Diese „Gastrolithen" funktionierten dann wie Mini-Mühlsteine und zermahlten die Nahrung zu einem dicken Brei, den sie verdauen konnten. Ein Barosaurus war offenbar besonders wild aufs Steineschlucken – denn in seinem Bauch fand man ganze 64 davon!

Üble Gerüche

Die Folge von so viel Pflanzenfresserei fiel vermutlich jedem auf, der sich in der Windrichtung eines Grünzeugvertilgers aufhielt. Beim Verdauen solch riesiger Pflanzenmengen entstand nämlich auch eine riesige Menge Gas!

Überlebensstrategien

An den Zähnen und Knochen eines Dinosauriers kann man problemlos erkennen, ob er ein Fleisch- oder ein Pflanzenfresser war. Aber viel schwieriger ist es, Genaueres über das Verhalten des Dinos herauszufinden. Manchmal geben zum Beispiel fossile Fußspuren Hinweise darauf. Doch die Paläontologen beobachten auch Tiere von heute, um sich eine Vorstellung davon zu verschaffen, wie früher die Dinosaurier lebten und starben.

Erstaunlich, aber wahr …
Man findet nur sehr selten Indizien, die Hinweise auf das Verhalten von Dinosauriern geben. 1971 jedoch wurde in der Mongolei eine eindrucksvolle Entdeckung gemacht. Paläontologen gruben einen Velociraptor und einen Protoceratops aus, die sich im Duell ineinander verklammert hatten. Der Fleischfresser Velociraptor hielt den Protoceratops am Kopfschild fest und schlug ihm seine Sichelkralle in den Bauch, während der Pflanzenfresser Protoceratops die Brust seines Gegners mit seinem spitzen Hornschnabel durchbohrte. Sie hatten einander in exakt demselben Augenblick getötet – und dieser Moment war über Millionen von Jahren im Stein festgehalten worden.

Pflanzenfresser und Fleischfresser hatten ganz unterschiedliche Überlebensstrategien. Für die Pflanzenfresser war es sicherlich kein größeres Problem, genügend Nahrung zu finden. Was sie wirklich beschäftigte, war, nicht zur Hauptmahlzeit eines vorbeiwandernden Fleischfressers zu werden. Aber *wie* gelang es ihnen, Angriffe von verfressenen Fleischfressern zu überleben?

Überlebenstraining für Pflanzenfresser

Gemeinsam statt einsam

Die Pflanzen fressenden Dinosaurier wussten, dass sie in der Gruppe sicherer waren als alleine. Der Iguanodon zum Beispiel zog in riesigen Herden umher. Die Jungen und ihre Mütter waren in der Mitte in Sicherheit. Die größeren Männchen bewachten den Rand der Herde, ihre scharfen Daumenkrallen zur Verteidigung bereit. Wenn ein Iguanodon nicht mit der Herde Schritt halten konnte, wurde er zurückgelassen – in großer Gefahr, herumlungernden Fleischfressern in die Fänge zu geraten.

Beeil dich, Junge!

Teufelskreis

Wenn Ceratopsier sich bedroht fühlten, formten die größten Herdenmitglieder zur Verteidigung einen Kreis um den Rest der Herde. Ihre Hörner zeigten dabei nach außen auf den Feind. Die schwächeren Herdenmitglieder suchten hinter ihnen Schutz.

Maiasaura-Mütter

Diese neun Meter langen Fleischfresserinnen legten ihre Eier in riesige Nester, die sie mit verrottendem Grünzeug bedeckten. Das klingt, als wären sie Rabenmütter, doch die Wärme, die die faulenden Pflanzen abgaben, hielt die Eier warm, und die kleinen Dinos darin konnten wachsen. So mussten die Maiasaura-Mütter nicht auf ihren Nestern sitzen bleiben, sondern konnten sie bewachen und verteidigen. War die Brut erst einmal geschlüpft, verließen die Mütter ihre Babys nur, um Futter für sie zu besorgen. Und auch dann waren immer noch die Nachbarmütter in der Nähe und halfen, auf die Babys aufzupassen.

Auf und davon

Die Pflanzenfresser boten sich den Raubsauriern nicht auf dem Präsentierteller. Der Hypsilophodon mit seinen kräftigen Beinen zum Beispiel und die straußenähnlichen Dinosaurier wie der Ornithomimus waren ausgezeichnete Sprinter und Hürdenläufer. Wenn es so aussah, als wenn sie Hochsprung trainierten, dann versuchten sie gerade, sich mit Tritten zu verteidigen.

Befreiendes Bad

Große Sauropoden entkamen ihren Fleisch fressenden Verfolgern gelegentlich durch eine Flucht ins Wasser. Das stellten Paläontologen anhand von fossilen Fußspuren fest.

Furcht einflößend

Der Ouranosaurus besaß ein großes Rückensegel. – Warum? Vielleicht, damit er bei Wind schneller vorwärts kam? Unsinn. Vermutlich regelte er darüber seine Körpertemperatur. Außerdem erschien er dadurch größer, und angriffslustige Raubsaurier ließen sich durch seinen Anblick eher in die Flucht schlagen.

Wohl bekomm's

Die Dinosaurier stellten schnell fest, dass es nicht besonders vorteilhaft war, wie ein Megaburger auf Beinen auszusehen. Deshalb beschlossen sie, sich so auszustatten, dass sie unappetitlich wie gebratene Schuhsohlen wirkten. Mit seinen harten, spitzen Knochenplatten auf Rücken, Schwanz und Schultern machte zum Beispiel Stegosaurus den Fleischfressern das Leben schwer. Und an den knöchernen Dornenreihen, die aus dem Rücken von Scelidosaurus ragten, hätte der stärkste Raubsaurier lange zu kauen gehabt!

Nur nicht klein beigeben!

Selbst wenn es ganz schlimm kam und ein Pflanzenfresser von einem Raubsaurier gefangen wurde, war er nicht zwangsläufig das nächste Mittagessen seines Bedrohers. Denn auch bei den wildesten Fleischfressern ergaben sich die Mahlzeiten nicht kampflos.

Schon gewusst …?

Der Diplodocus schlug mit seinem acht bis zwölf Meter langen Schwanz nach seinen Angreifern, und die Dornen auf den Schwänzen von Kentrosaurus und Stegosaurus bohrten sich schmerzhaft in die Hälse ihrer Verfolger.

Der Pflanzenfresser Euoplocephalus besaß an seinem Schwanzende eine riesige knöcherne Keule, die etwa 30 Kilo wog. Ein einziger treffsicherer Schlag damit reichte aus, um selbst den größten Tyrannosaurus Rex umzuhauen. Und der ließ ihn danach sicherlich erst mal eine ganze Weile lang in Ruhe.

Der Triceratops war der Ansicht, dass Angriff die beste Verteidigung sei. Wenn er in Schwierigkeiten war, senkte er die Hörner und stürmte auf seinen Gegner zu, genau wie unser Nashorn. Ein ausgewachsener Triceratops brachte um die fünf Tonnen auf die Waage – also ein Angriff mit schweren Geschützen.

Auf der Jagd

Die Fleischfressenden unter den Dinos kannten keine Fertiggerichte. Wenn einer sich einen Bissen schnappen wollte, dann musste er schnell sein – denn sein Mittagessen rannte vor ihm weg. Und auch das Überleben des gefährlichsten Dinosauriers hing davon ab, ob er es schaffte, sich das nächste Beutetier zu schnappen.

Hier ein Einblick in ihre geheimen und genialen Jagdtechniken.

Gemeinsam sind wir stark!

Um 1960 fand man die versteinerten Knochen eines riesigen Pflanzenfressers namens Tenontosaurus. Gleich daneben lagen die Überreste von vier kleineren Deinonychus. Sie gehörten zu einer Jägergruppe, die den Riesen getötet hatte.

Teilzeit-Teamwork

Die Raubsaurier von damals hatten keine Hemmungen, sich mit anderen Fleischfresserarten zusammenzuschließen. Versteinerte Fußspuren haben gezeigt, dass sogar erfolgreiche Jäger wie der Allosaurus und der Velociraptor in Gruppen gemeinsam jagten. Vermutlich gingen sie auf Sauropodenherden los, trieben die älteren Männchen auseinander und suchten sich die schwachen oder jungen Tiere als Beute aus. Hatten sie erst einmal ein Tier getötet, war es aber wahrscheinlich vorbei mit der Teamarbeit – dann war sich jeder Räuber wieder selbst der Nächste.

Mit meinem Verstand und deinem Aussehen werden wir's noch weit bringen!

Mit Geduld und Spucke

Ein fantastischer Fund im amerikanischen Staat Texas bewies, dass einige Dinosaurier beim Jagen viel Geduld aufbrachten. Der Fund bestand aus zwei verschiedenartigen Fußspuren. Eine Spur stammte von einem großen Brontosaurus, die andere gehörte einem kleineren, dreizehigen Dinosaurier, vermutlich dem Fleischfresser Allosaurus.

Eine Spur folgte der anderen. Paläontologen halten dies für einen direkten Beweis, dass sich hier ein Fleischfresser langsam an seine Beute herangepirscht hatte. Das geduldige Raubtier wurde höchstwahrscheinlich am Ende belohnt, denn es konnte den idealen Zeitpunkt für den Angriff auswählen.

Appetit auf Aas

Die meisten Funde haben Hinweise darauf geliefert, dass Fleischfresser ihre Beute selber jagten und töteten. Umso überraschter waren die Wissenschaftler, die im amerikanischen Utah Ausgrabungen in ausgetrockneten Teergruben machten. Denn sie entdeckten dort hunderte von Knochen, die von Pflanzenfressern wie dem Diplodocus stammten – und außerdem die Überreste von Fleischfressern wie dem Allosaurus.

Dieser Fund könnte ein Hinweis darauf sein, dass Fleischfresser nicht immer Jäger waren, sondern auch Aas fraßen, wenn sich die Gelegenheit dazu bot. Sie hörten die Schreie der Pflanzenfresser, die im Teer in der Falle saßen, und wollten sich die verendeten Tiere als leichte Beute holen – und blieben dabei wohl ebenfalls im Teer stecken.

Der Tyrannosaurus auf der Anklagebank

Die Entdeckung, dass Dinosaurier Aas fraßen, brachte einige Wissenschaftler so sehr aus der Fassung, dass sie sich fragten, ob die Fleischfresser überhaupt Raubtiere gewesen waren. Vielleicht waren sie in Wirklichkeit Aasfresser, die ihre Beute nicht jagten, sondern nur die Tiere wegputzten, die bereits tot oder zumindest verletzt waren? Um diese Möglichkeit zu prüfen, konzentrierten sie sich auf das größte Exemplar, das ihnen bekannt war – den Tyrannosaurus Rex.

Furchterregender als eine Mathearbeit, grausiger als Blumenkohlauflauf, schrecklicher als ein Wohnzimmer voller Großtanten – seit er 1902 entdeckt worden war, hatte der Tyrannosaurus Rex als unumstrittener Champion unter den fürchterlichen Fleischfressern gegolten.

Er ist der größte Fleischfresser, den man bisher gefunden hat. Der Tyrannosaurus war mehr als sechs Meter groß, hatte 18 Zentimeter lange, rasiermesserscharfe Zähne und machte seinem Namen sicher alle Ehre: Tyrannosaurus Rex heißt „König der Tyrannenechsen". Niemand zweifelte, dass er der gefährlichste Dinosaurier war, bis Paläontologen seine Überreste genauestens untersuchten und seine Raubtiereigenschaften in Frage stellten.

Andere Wissenschaftler verteidigten den ursprünglichen Ruf des Dinosauriers, und so begann der schönste Streit. Schau dir die Standpunkte beider Seiten an, und entscheide für dich, ob du den Tyrannosaurus für ein Raubtier oder einen Aasfresser hältst. Vorher aber reisen wir noch ein paar hundert Millionen Jahre zurück und stellen uns einen typischen Dinosaurier-Angriff vor …

War das die Wirklichkeit? Die Verteidiger des Tyrannosaurus sind davon überzeugt, doch die Ankläger haben ihre eigenen Beweise.

Verteidigung:

„Der Tyrannosaurus Rex war das perfekte Raubtier. Mein Beweismaterial zeigt deutlich: Er hatte so kräftige Beine, dass er Geschwindigkeiten bis zu 40 km/h erreichte. Dieses Tempo konnte er nur über kurze Strecken halten, doch das reichte aus, um seine Beute zu fangen.“

Anklage:

„Unsere Untersuchungen zeigen, dass Unterschenkel- und Oberschenkelknochen des Tyrannosaurus Rex etwa gleich lang waren, so wie beim Menschen. Dies weist darauf hin, dass er nur ein Tempo von zirka 24 km/h erreichte. Seine Beute konnte ihm demnach ohne wei-

teres davonlaufen. Außerdem haben wir errechnet, dass der Schwerpunkt seines Körpers sehr hoch lag, sodass er leicht das Gleichgewicht verlor. Wenn er zu schnell um eine Ecke bog, geriet er ins Wanken und fiel um, und er hatte Schwierigkeiten, wieder aufzustehen. Der Tyrannosaurus war nicht wendig genug für ein Raubtier.“

Verteidigung:

„Das ist kompletter Unsinn. Wir haben seine Beißkraft mit

der eines modernen Raubtiers verglichen – eines Löwen. Unsere Tests haben gezeigt, dass der Tyrannosaurus eine dreimal stärkere Beißkraft hatte. Dies ist nur für ein Raubtier von Nutzen, das schnell ein lebendes Opfer töten muss."

Anklage:

"Auch wir haben unsere Vergleiche angestellt. Der Teil des Gehirns, der für den Geruch zuständig ist, ist beim Tyrannosaurus größer als bei allen anderen Lebewesen der Erde – außer beim Truthahngeier, einem Aasfresser. Im Übrigen konnte der Tyrannosaurus mit den Armen zwar bis zu 185 kg heben, sie

im Ellbogengelenk aber nur um fünf Zentimeter drehen. Damit konnte er keine lebende Beute packen. Der Tyrannosaurus musste demnach Fleisch von toten Dinosauriern fressen."

Und das Urteil?

Die Wissenschaftlerjury hat noch immer kein endgültiges Urteil über den Tyrannosaurus Rex gefällt. Aber du kannst dir deine eigene Meinung bilden. War der Tyrannosaurus ein Super-Raubtier, oder müsste er eigentlich in „Aasfressersaurus" umbenannt werden?

Wer weiß – vielleicht kommt auch eines Tages eine neue Entdeckung zu Tage, und die dinosaurierverrückten Forscher kommen auf eine ganz neue Idee …

VERRÜCKTE DINO-FORSCHER

Knochenjäger, Dinosaurier-Detektive, Paläontologen – wie immer du sie auch nennen magst, sie alle haben eins gemeinsam: Sie sind absolut verrückt nach Dinosauriern.

Hast du auch das Zeug zum Paläontologen? Teste, ob du verrückt genug bist, und beantworte die folgende Frage. Stell dir vor, du hättest die Wahl zwischen den folgenden Möglichkeiten – für welche würdest du dich entscheiden?

A. Sechs Richtige im Lotto haben.
B. Ein paar Minuten mit einem lebenden Tyrannosaurus verbringen.

Wenn du Antwort **A** gewählt hast, bist du viel zu normal, um Paläontologe zu werden. Hast du Antwort **B** gewählt,

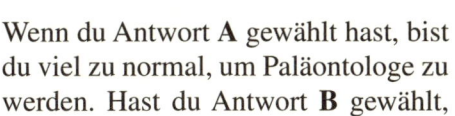

dann bist du total durchgedreht – herzlichen Glückwunsch, du würdest einen idealen Paläontologen abgeben!

Topstars der Paläontologie

Schon die allerersten Paläontologen waren ausgesprochen verrückt. Siehe selbst!

William Buckland (1764–1856)

William Buckland war der erste Geologieprofessor an der englischen Universität Oxford. Er ist in die Geschichte eingegangen, weil er einen wirren Haufen von Fossilien als Teile eines großen, Fleisch fressenden Dinosauriers erkannte, den er Megalosaurus (Riesenechse) nannte.

Der Megalosaurus wurde daraufhin eine Art Restmüll-Dinosaurier. Denn viele Jahre lang wurde bei den Knochen sämtlicher großer Fleischfresser, die gefunden wurden, behauptet, sie gehörten zu Megalosaurus. Buckland war angeblich selbst eine Art menschliche Restmülltonne, denn er soll dafür berühmt gewesen sein, dass er einfach alles aß, einschließlich Nacktschneckensuppe und Nashornpastete. Auf Partys erschien er mit einem ungewöhnlichen Begleiter – seinem zahmen Bären.

Sir Richard Owen (1804–1892)

Richard Owen war der Mann, der den Dinosauriern ihren Namen gab (siehe Seite 19). Um die Entdeckung der Riesen-Echsen zu feiern und allen Leuten zu zeigen, was für ein verrückter Forscher er war, schuf Owen lebensgroße Nachbildungen von Dinosauriern, die im Park des Londoner Kristallpalastes aufgestellt wurden (wo man sie noch heute bewundern kann).

Die Nachbildungen waren 1854 fertig gestellt. Um dieses Ereignis zu feiern, lud Owen 19 wichtige Gäste zu einem Fest ein. Der Clou: Die Gäste tafelten im Bauch eines Iguanodonten.

Um die Sache noch stilvoller zu gestalten, hatte Owen vorher sogar Einladungskarten in der Form eines Pterodactylus-Flügels verschickt.

Ferdinand Hayden (1829–1887)

Seine Verrücktheit rettete dem amerikanischen Geologen Ferdinand Hayden 1856 das Leben. Er entdeckte zu seiner großen Freude die ersten Dinosaurierknochen in Nordamerika. Doch als er feststellte, dass sie sich auf dem Gebiet der Sioux-Indianer befanden, war es mit der Freude vorbei – denn Hayden wurde von Kriegern des Stammes gefangen genommen. Doch wie staunten diese, als sie feststellten, dass er kein Gewehr bei sich hatte, sondern bloß alte Steinbrocken! Der Indianerhäuptling war überzeugt, dass Hayden verrückt sein müsse, wenn er glaube, dass diese Steine wertvoll seien. Er ließ ihn mit folgenden Worten frei:

Roy Chapman Andrews (1884–1960)

Bevor sich Roy Chapman Andrews auf die Paläontologie stürzte, beobachtete er Wale und arbeitete als Doppelagent.

Während einer Expedition in die mongolische Wüste Gobi kämpfte er gegen Schlangen und Banditen, überlebte Temperaturen von 60 °C und fand dabei immer noch Zeit, sowohl die ersten Dinosauriereier zu entdecken als auch die Überreste eines Velociraptors und Saurornithoides.

Aber auch Andrews war nicht perfekt. Beim Fossilienausgraben stellte er sich so ungeschickt an, dass die Forscher zu Hause in seinem Museum jedes beschädigte Fossil „RCA-behandelt" nannten. Und doch (oder gerade deshalb?) wurde er zum Vorbild für eine weltberühmte Filmfigur: für Indiana Jones.

Roland Bird

Bei Roland Bird, einem Paläontologen von heute, macht die Verrücktheit nicht einmal vor dem Tod Halt. Er hat verkündet, dass sein Grabstein die Form von Brontosaurus haben solle, damit jeder wisse, dass die Dinosaurier sein Leben waren.

Ein durchgeknalltes Duo

Unter all den verrückten Forschern gab es zwei, die noch schräger waren als alle anderen. Dieses dinosaurierverrückte Duo lebte in den USA und ging in den wildesten Teilen des Wilden Westens auf Knochenjagd. Die beiden waren erbitterte Rivalen, und die Feindschaft zwischen ihnen war so groß, dass ihre Auseinandersetzungen bald als „Knochenkriege" bekannt wurden. Diese beiden Knochenonkel waren Edward Cope (1840 – 1897) und Othniel Marsh (1831 – 1899).

MARSH   COPE

Knallharte Konkurrenten – zehn zermürbende Tatsachen

1. Edward Cope war Professor an der Universität von Pennsylvania. Er gehörte den Quäkern an und stammte ursprünglich aus Philadelphia. Im Alter von sechs Jahren sah er das Fossil eines 30 Meter langen Meerestieres mit Namen Hydrarchus. Obwohl sich das Fossil als Fälschung erwies, löste es in Cope den Ehrgeiz aus, der bedeutendste Paläontologe der Welt zu werden …

2. … und genau diesen Ehrgeiz hatte auch Othniel Charles Marsh. Marsh stammte aus einer reichen Familie. So konnte er selbst dafür sorgen, dass er zum ersten Professor für Paläontologie an der Universität Yale ernannt wurde: Er überredete einfach seinen reichen Onkel, der Universität ein Museum für Naturgeschichte zu schenken – mit ihm als Direktor.

3. Der knallharte Konkurrenzkampf zwischen den beiden begann 1868, als Cope eine Beschreibung des Meeresreptils Elasmosaurus veröffentlichte. Die Beschreibung enthielt schlimme Fehler – Cope hatte sogar den Kopf an das verkehrte Ende gesetzt. Marsh bemerkte das sofort und wies Cope darauf hin.

4. Cope sah ein, dass er Fehler gemacht hatte, und beschloss, alle Exemplare seiner Beschreibung aufzukaufen. Er ergatterte alle, die gedruckt worden waren – bis auf die beiden, die Marsh besaß. Marsh weigerte sich, sie ihm zu geben.

5. Das verzieh Cope Marsh nie. Die beiden verrückten Paläontologen begannen, den gesamten Westen der USA zu durchkämmen – jeder mit dem Ehrgeiz, mehr Dinosaurier zu finden als der andere. So identifizierte das durchgeknallte Duo über 130 Dinosaurierarten und fand unter anderem Überreste des Allosaurus, Apatosaurus, Diplodocus, Stegosaurus und Hadrosaurus.

6. Cope und Marsh hatten es so eilig, die Lorbeeren für ihren neuesten Dinosaurierfund zu ernten, dass sie kaum nachprüften, ob ihr Konkurrent nicht bereits einen ähnlichen entdeckt hatte. Daher veröffentlichten sie oft Beschreibungen des gleichen Dinosauriers – und jeder gab ihm einen anderen Namen.

7. „Kleinigkeiten" wie die Kriege zwischen den europäischen Einwanderern und den Ureinwohnern Amerikas störten sie nicht weiter. Einmal fand sich Cope eingekreist von Indianern auf dem Kriegspfad. Er rettete sich, indem er mehrmals sein Gebiss herausnahm. Die Indianer schauten ihm voller Erstaunen zu – und griffen ihn nicht an.

8. Marsh versuchte, ähnlich bissige Probleme zu vermeiden, indem er mit den amerikanischen Ureinwohnern seinen eigenen Waffenstillstand aushandelte. Nach einer besonders erfolgreichen Runde seiner Friedensverhandlungen stellte ihm der Sioux-Häuptling Rote Wolke sogar einige seiner Krieger als Eskorte zur Verfügung.

9. Der bloße Gedanke an seinen Konkurrenten brachte Cope zum Explodieren. Nachdem er seine Ausgrabungen an einem Ort beendet hatte, zerstörte er ihn mit einer Ladung Dynamit, damit Marsh dort nicht weiterarbeiten konnte.

10. Der knallharte Konkurrenzkampf dauerte an, bis Edward Cope schließlich starb. Und selbst dann behielt Cope noch das letzte Wort. Denn er hatte ein Säugetierfossil *Anisconchus cophater* genannt, das bedeutet „Cope-Hasser mit gezackten Zähnen".

Du musst immer das letzte Wort haben, was, Cope?

Genau!

Wahnsinns-Gesteine

Cope und Marsh waren wirklich keine Experten darin, miteinander auszukommen. Aber sie waren Experten beim Entdecken von Dinosauriern. Und das ist keine einfache Sache. Fossilien hängen nämlich normalerweise nicht einfach in der Gegend herum und warten darauf, beachtet zu werden – außer vielleicht im Lehrerzimmer deiner Schule.

Paläontologen müssen Adleraugen haben, wenn es darum geht, Fossilien zu endecken. Und mithilfe unseres „Wahnsinnig wichtigen Gesteinsratgebers" bist du auch bald ein Profi auf dem Gebiet.

WAHNSINNIG WICHTIGER GESTEINS-RATGEBER

Gesteine werden in drei Kategorien eingeteilt: Metamorphes Gestein, magmatisches Gestein und Sedimentgestein. Der Kuchen von deiner Großtante Ida fällt nicht darunter, auch wenn er noch so steinhart ist.

WIE ENTSTEHEN DIESE GESTEINE?

Magmatisches Gestein wird in Vulkanen auf sehr hohe Temperaturen erhitzt und kommt als glühende Lava heraus. Es enthält keine Fossilien. Manchmal werden Lebewesen von Vulkanasche oder abkühlender Lava umschlossen und können Abdrücke in Körperform hinterlassen. Granit ist ein magmatisches Gestein.

SEDIMENTGESTEIN entsteht, wenn sich Sand und Schlamm in Schichten ablagern und allmählich zu Stein zusammengepresst werden. Sandstein, Kalkstein und Kreide gehören zu den Sedimentgesteinen. Sie enthalten häufig Fossilien.

METAMORPHE GESTEINE waren ursprünglich magmatische oder Sedimentgesteine. Dann wurden sie durch Vulkantätigkeit sehr stark erhitzt. Der Druck ist dabei sehr hoch, und harte metamorphe Gesteine wie Schiefer sind das Ergebnis. Jegliche Fossilien verbrutzeln dabei.

SEDIMENTGESTEINSTORTE

Sedimentgestein entsteht in Schichten, so ähnlich wie eine Torte. Deshalb kann man sehr gut das Alter der Fossilien bestimmen, die darin enthalten sind. Wenn man sich durch die verschiedenen Schichten arbeitet, ist es fast so, als unternähme man eine Zeitreise. Ganz oben findet man Überreste von Tieren und Pflanzen aus noch nicht so lang vergangenen Zeiten. Je tiefer man gräbt, desto älter sind die Fossilien.

Hey! Ich hab ein Buch mit Klein-Erna-Witzen gefunden!

Schon die ersten Paläontologen stellten fest: Fossilien, die man in derselben Gesteinsschicht findet, stammen von Lebewesen, die mit großer Sicherheit in derselben Zeit lebten. Auf diese Weise fanden sie heraus, welche Dinosaurierarten gleichzeitig existierten.

Doch leider hat diese Methode ihre Tücken. Denn wenn die

Gesteinsschichten aufgesprungen oder zerstört sind, kommt man möglicherweise zu einer ganz falschen Zeitbestimmung.

Heute haben die Paläontologen glücklicherweise eine genauere Methode, um das Alter von Dinosauriern zu bestimmen. Jede Gesteinsschicht enthält eine unterschiedliche Menge an Radioaktivität. Wenn man diese Radioaktivität misst, kann man errechnen, in welchem Zeitraum ein Tier gelebt hat. Diese Zeitskala ist bis auf ein paar Millionen Jahre genau – das klingt in deinen Ohren vielleicht ein bisschen vage, aber für einen Geologen ist es auf die Minute gerechnet.

Knochenjäger

Bei diesem ganzen Gerede über Gesteine, Radioaktivität und die Altersbestimmung von Dinosauriern beschleicht dich vielleicht das unangenehme Gefühl, dass man schon ein Genie sein muss, um Paläontologe zu werden. Aber auch wenn du in der Schule nicht gerade die Oberleuchte bist, kannst du ganz schön geniale Entdeckungen machen.

Sicher, die meisten professionellen Dino-Jäger sind studierte Geologen und Zoologen, und sie arbeiten nach wissenschaftlichen Methoden. Doch manche Entdeckungen wurden auf überraschend einfache Weise gemacht ...

1. Um 1890 erhielt John Bell Hatcher (Ex-Farmer und Knochenjäger) ungewöhnliche Hilfe: Er war auf der Suche nach Fossilien kleinerer Säugetiere, die zur gleichen Zeit wie die Dinosaurier gelebt hatten. Doch am Ende jedes einzelnen Arbeitstags hielt er nichts weiter als ein oder zwei versteinerte Zähne in Händen.

Dann hatte er einen Geistesblitz – und schon am folgenden Tag brachte er es schlagartig auf ganze 87 Zähne.

Hatcher hatte einen genialen Plan ausgeheckt – er ließ Ameisen für sich arbeiten. Denn die versteinerten Zähne hatten genau die gleiche Größe wie die kleinen Steine, die Ameisen oben auf ihre Hügel setzen. So grub Hatcher einfach Ameisenhaufen um und wurde fündig.

2. Barnum Brown galt zu Beginn des 19. Jahrhunderts als herausragender Paläontologe. Er war immer tadellos gekleidet und konnte es nicht ausstehen, wenn seine Anzüge schmutzig wurden. Für die meisten Menschen seines Berufs wäre das ein Problem gewesen, doch Brown hatte trotzdem ein unheimliches Geschick dafür, Dinosaurier zu entdecken. Das Geheimnis seines Erfolgs: Er hatte eine Nase für Dinos. Man sagt, dass er

Dinosaurier riechen konnte, und allem Anschein nach stimmt das auch. Brown entdeckte im Lauf seiner Karriere mehrere Skelette des Tyrannosaurus Rex, des Centrosaurus, Corythosaurus und Saurolophus.

3. Harley Garbani wurde 1920 geboren und wuchs auf einer Farm in Kalifornien auf. Im Alter von acht Jahren fand er einen versteinerten Kamelknochen, und an diesem Tag packte ihn das Dinosaurier-Fieber. Doch Garbani studierte nicht Paläontologie, sondern machte eine Ausbildung zum Klempner. Trotzdem wurde er einer der erfolgreichsten Dinosaurierjäger aller Zeiten. 1966 fand er die versteinerten Überreste des vierten Tyrannosaurus, der jemals entdeckt wurde. Danach grub er noch zwei weitere aus – während der Rest der Welt bloß insgesamt acht Exemplare fand. Nach dem Geheimnis seines Erfolgs befragt, sagte Garbani, er sei „ein ziemlicher Glückspilz, weiter nichts".

4. Durch seine Ungeschicktheit wurde der kanadische Paläontologe Phil Currie ein erfolgreicher Dino-Jäger. Auf einer Expedition fiel ihm die Schutzhülle seiner Kamera einen Hügel hinunter. Er kletterte hinterher, um sie wiederzuholen – und wo fand er sie? Auf dem Schädel eines riesigen Dinosauriers.

Vorsicht, Ausgrabung!

Es klingt, als wäre Dinosaurier-Ausgraben ein Riesenspaß, aber es kann ganz schön gefährlich sein. Auf manchen Expeditionen sind die Dino-Jäger beinahe so gründlich ausgestorben wie die Dinos, denen sie auf der Spur waren. Falls du je vorhast, dich auf die Suche nach Fossilien zu machen, dann beachte die „Richtig und Falsch"-Liste für erfolgreiche Entdecker.

RICHTIG: Pack dein Erste-Hilfe-Kästchen ein. – Das Dinosaurierfieber ist nicht das einzige Leiden, das Paläontologen befällt. In Nordamerika wurden Dino-Jäger schon häufig von Klapperschlangen gebissen. Und so mancher musste schnell nach Hause flüchten, weil er nicht die passende Medizin dabeihatte.

Ma-ma!

RICHTIG: Vorsicht vor anderen Fossilienjägern. – Als die ersten Dinosaurier entdeckt wurden, gab es solch einen Ansturm auf deren Überreste, dass manche Paläontologen aufeinander schossen und sich gegenseitig die Fossilien klauten.

RICHTIG: Hör auf gute Ratschläge. – Als der junge amerikanische Dino-Jäger Henry Osborn um 1880 eine Expedition nach Wyoming unternahm, begegnete er einem Goldsucher, der ihm riet: „He Junge, klapp die Hutkrempe runter, oder du klappst zusammen!" Zum Glück hörte Osborn auf ihn. Wenn nicht, hätte er sich einen heftigen Sonnenbrand, wenn nicht gar einen Sonnenstich geholt. Die Überreste von Dinosauriern liegen fast immer mitten in schwierigem Gelände. Und an einer der berühmtesten Fundstellen im Ödland von Montana ist es so höllisch heiß, dass man sie Hell Creek nennt, Teufelsbucht.

RICHTIG: Schau öfter mal hoch. – Viele Paläontologen finden ihre Funde so umwerfend, dass sie sogar von herabfallenden Gesteinsbrocken umgehauen werden.

FALSCH: Grabe nie ohne Genehmigung. – Im Mai 1992 führten 30 amerikanische FBI-Agenten im Black-Hills-Institut in Süd-Dakota eine Razzia durch und beschlagnahmten Sue, den größten Tyrannosaurus Rex der Welt.

Der Grund für die Razzia war, dass man die Überreste dieses Dinos auf dem Gebiet eines Reservats der Sioux-Indianer gefunden hatte. Deshalb gehörten sie von Rechts wegen den Sioux.

FALSCH: Übertreib es bloß nicht. – Ein dösiger Dinosaurier-Entdecker war so damit beschäftigt, alte Knochen zu suchen, dass er vergaß, auf den Weg zu achten, und von einer Klippe hinunterfiel.

FALSCH: Vergiss nie, dich um ein sicheres Transportmittel zu kümmern. – Als Thomas Weston 1888 beschloss, die Canyons des Red Deer River in der kanadischen Provinz Alberta abzusuchen, baute er ein großes Boot als schwimmendes Basislager. Als das Schiff fertig war, lud Weston sein Team und seine Ausrüstung an Bord und setzte die Segel. Dummerweise wurden seine Pläne jäh durchkreuzt, als das Boot 13 Kilometer flussabwärts leckschlug. Weston war auf einer Sandbank gelandet und konnte nur noch zusehen, wie seine gesamte Ausrüstung spurlos in den Fluten versank.

Geräte zum Graben

Wenn du die Reise zum Ausgrabungsort überlebt und die ersten Dinosaurierknochen entdeckt hast, bist du wahrscheinlich in Partylaune. Doch bevor es an Eis und Wackelpudding geht, musst du den Dino erst einmal ausbuddeln. Im Lauf der Zeit haben Dinosaurierjäger die verschiedensten Geräte eingesetzt, um die versteinerten Überreste aus der Erde zu befreien. Was, glaubst du, braucht man für eine erfolgreiche Ausgrabung?

A. Pressluftbohrer
B. Bulldozer
C. Zahnarztbohrer
D. Gips
E. Dynamit
F. chemische Flüssigkeiten

Antwort: A, C, D, F

A. Pressluftbohrer werden benutzt, um durch die harten Gesteinsschichten vorzudringen. Dabei müssen die Paläontologen allerdings ziemlich gut aufpassen, denn ein einziger Ausrutscher könnte zur Zerstörung eines Fossils und damit auch ihrer Karriere führen.

B. Wenn auf einer Ausgrabungsstätte ein Bulldozer auftauchte, bekämen die Paläontologen Zustände! Allerdings braucht man manchmal Bulldozer, um damit die Fläche zu räumen, die die Ausgrabungsstätte umgibt. Als man im amerikanischen Hell Creek einen Tyrannosaurus Rex fand, wurden Bulldozer eingesetzt, um eine Straße zur Fundstelle anzulegen. Die versteinerten Überreste des Dinosauriers konnten so mit Sattelschleppern abtransportiert werden.

Findige Forscher nutzten aber auch alle anderen Transportmittel, die sie finden konnten, für ihre Funde, darunter Kamele, Maultiere und sogar Elefanten.

C. Du kriegst vermutlich Albträume, wenn du nur an das Geräusch eines Zahnarztbohrers denkst, doch in den Ohren eines Paläontologen ist es Musik! Solche Bohrer werden im Labor für die Arbeit an kleinen Fossilien benutzt. Die Dino-Entdecker haben auch festgestellt, dass Zahnbürsten iedal sind, um kleinen, feinen Fundstücken den letzten Schliff zu geben und Sand und Schlick zu entfernen.

D. Zerbrochene Knochen in Gips zu packen ist die beste Methode, um sie beim Abtransport vom Fundort zusammenzuhalten. Diese tolle Technik wurde 1877 von Othniel Marsh entwickelt, nachdem er Ärzten dabei zugeschaut hatte, wie sie die gebrochenen Knochen ihrer Patienten eingipsten. Sie wird bis heute angewendet.

E. Deine Dino-Jäger-Karriere würde sich ruckzuck in Rauch auflösen, würdest du jemals Dynamit benutzen. Doch vor langer Zeit gab es Paläontologen, die damit die Gipfel von Bergen heruntersprengten. Diese Methode hatte allerdings einen kleinen Haken – nicht nur das Felsgestein wurde zerstört, sondern auch die Dinosaurierknochen!

F. Es wäre ziemlich doof, wenn du zu Hause in deinem Labor keine Chemikalien vorrätig hättest. Denn manchmal kann man Fossilien nur mit recht aggressiven Chemikalien aus dem umgebenden Gestein befreien.

Dinosaurier vermisst

Nach all der harten Arbeit, die man investiert hat, um einen Dinosaurier aus der Erde zu befreien, sollte man annehmen, dass er nun nie wieder verschwinden könnte. Weit gefehlt! Auf der ganzen Welt sind unter den merkwürdigsten Umständen Dinosaurierüberreste verloren gegangen. Die folgenden Zeitungssausschnitte berichten von diesen sensationellen Ereignissen.

Fossiler Brennstoff (1916)

„Vollkommen ausgebrannt" fühlte sich Miss Mignon Talbot, Geologie-Professorin, als sie von dem Feuer erfuhr, das in der Nacht zuvor im Museum für Geologie des Mount Holyoke College ausgebrochen war.

Das Feuer hatte nicht nur das Museum völlig zerstört, sondern auch eines seiner wertvollsten Ausstellungsstücke – die versteinerten Überreste eines Podokesaurus. Professor Talbot hatte sie nur fünf Jahre zuvor entdeckt und sie dem Museum zur Aufbewahrung übergeben.

Podokesaurus erhebt sich aus der Asche

Wie der legendäre Phönix, so scheint sich nun auch der verlorene Podokesaurus aus der Asche des Feuers zu erheben, das ihn vor einigen Monaten zerstörte.

Professor Talbot, die Entdeckerin des Dinosauriers, erhielt von Vertretern der Universität Yale die gute Nachricht, dass sie einen Abguss von Podokesaurus gemacht hatten, bevor er in Flammen aufging. Folglich ist der Dinosaurier für die Paläontologen nicht verloren.

Dinosaurier-Zerstörung (1944)

Der süße Duft des Erfolgs bekam für den deutschen Paläontologen Ernst Stromer einen bitteren Nachgeschmack. Während der Zwanziger- und Dreißigerjahre grub er die Wüste Ägyptens um und entdeckte mehrere, bisher unbekannte Dinosaurier, zum Beispiel den Ägyptosaurus und den Bahariasaurus.

Stromer brachte sie zur Aufbewahrung in deutsche Museen. Doch leider hatte er nicht mit dem Zweiten Weltkrieg gerechnet. Durch Bombenangriffe wurden Stromers Funde zerstört, und seine Dinosaurierskelette zerfielen zu Staub.

Dinosaurier-Detektiv

Der amerikanische Dinosaurierexperte Professor Marsh gestand: Nachdem er die hintere Hälfte eines Anchisaurus-Skeletts in einem Steinbruch in Connecticut gefunden habe, habe er eine Weile Detektiv gespielt. Er erläuterte weiter, dass er eine Erklärung für das Verschwinden der Vorderhälfte des Dinosauriers gesucht habe. Seine Recherchen ergaben, dass sie aus dem Steinbruch abtransportiert und zu Bausteinen verarbeitet worden war.

„Bei meiner Suche habe ich jeden einzelnen Stein umgedreht", versicherte der Paläontologe. Die Bausteine spürte er an einer Stelle auf, an der eine neue Brücke gebaut wurde. Der Professor erklärte:

„Leider kam ich zu spät. Die Steine, die die Überreste von Anchisaurus enthalten, waren bereits eingemauert. Man kommt nicht an sie heran, ohne die ganze Brücke zu zerstören. Sie werden dort bleiben müssen, bis eines Tages eine neue Brücke gebaut wird."

Fußspuren bekommen Beine (1996)
Die australische Polizei bestätigte, dass die einzigen Stegosaurus-Fußspuren der Welt Beine bekommen haben.

Die Polizei gab an, dass Diebe die 130 Millionen Jahre alten Fußstapfen aus Felsen im australischen Nordwesten herausgebohrt haben.

Ganz oben auf der Liste der verdächtigen Personen befinden sich skrupellose Privatsammler. Doch es gibt nur wenige Spuren, die helfen könnten, die Diebe zu finden.

Huch – Hilfe!

Entdecke selbst einen Dinosaurier

Zum Glück kommt es sehr selten vor, dass Dinosaurier verschwinden. Im Gegenteil – zurzeit wird etwa alle sechs Wochen eine neue Dino-Art entdeckt, und es werden sicher noch viele Dinosaurier ans Tageslicht kommen.

Machst du dir Sorgen, dass ausgerechnet du nicht zu den glücklichen Entdeckern gehören wirst? Don't worry – du hast gute Chancen. Viele Dinos werden von Leuten wie du und ich entdeckt. Fast die Hälfte aller Dinosaurierfossilien Japans wurden von Studenten ausgegraben. Seismosaurus fand ein Wanderer, und sämtliche Dinosaurier Neuseelands wurden von der Amateur-Paläontologin Joan Wiffen entdeckt.

Da-Da-Da!

Du weißt jetzt, wonach du suchen musst. Also versuch dein Glück. Aber sei dir bewusst: Wenn du wirklich etwas findest, dann hat die harte Arbeit damit kein Ende …

DIE DINO-DETEKTIVE

Was kann schwieriger sein, als die Überreste eines Dinosauriers zu entdecken? Nur eins: zu rekonstruieren, wie das Tier aussah und wie es lebte. Stell dir vor, du sollst ein Puzzle zusammensetzen und du hast nicht die geringste Ahnung, wie das fertige Bild aussehen muss und ob du überhaupt sämtliche Teile vor dir hast … So in etwa sehen die Probleme der meisten Paläontologen aus. Lösen kann man sie nur in kniffliger Detektivarbeit.

Falsche Fossilien
Klar, Dinosaurier auszubuddeln ist eine ziemlich dreckige und oft schwierige Angelegenheit. Kein Wunder, dass dabei auch mal Fehler passieren. Es ist schon vorgekommen, dass übereifrige Experten, die unbedingt eine Entdeckung machen wollten, Vogel- und Krokodilknochen oder sogar Holzstücke als Dinosaurierknochen identifizierten. Das Erste, was ein Dinosaurier-Detektiv machen muss, ist demnach, sich ein Mikroskop zu schnappen und unechte Fossilien von echten zu trennen.

Der verkannte Dinosaurier
1861 wurden erstmals Überreste eines Compsognathus ausgegraben. Doch es dauerte ein paar Jahre, bis man auf die Idee kam, dass sie tatsächlich einem Dinosaurier gehört hatten. Compsognathus war ein kleiner, Fleisch fressender Dinosaurier. Sein Entdecker, der Deutsche Andreas Wagner,

schenkte seinem Fund keine besondere Beachtung, weil er dachte, dass alle Dinosaurier riesengroß sein müssten. Fast zehn Jahre später erkannte der Paläontologe Thomas Henry Huxley, dass es sich um Überreste eines Dinosauriers handelte.

Mutter und Kind

Wenn man ein paar kleine Fossilien nicht richtig erkennt, ist das eine Sache, aber 1923 wurde ein ganzer Dinosaurier falsch zugeordnet. Voller Freude, eine neue Dinosaurierart entdeckt zu haben, tauften die Paläontologen ihren Fund Gorgosaurus. Es handelte sich um eine schlankere Version des zweibeinigen Albertosaurus mit kleinerem Kopf. Später stellte sich heraus, was der Grund für diese Ähnlichkeiten war: Der so genannte Gorgosaurus war in Wahrheit ein junger Albertosaurus. Die enttäuschten Entdecker hatten gar nichts Neues entdeckt.

Schlechte Kopien

Die Entdeckung eines vollständigen Dinosaurierskeletts ist ungefähr so selten wie das Lächeln deines Schuldirektors. Stattdessen wird so mancher Paläontologe völlig konfus, wenn er versucht, anhand eines Wirrwarrs von Knochen herauszukriegen, wie der dazugehörige Dinosaurier wohl ausgesehen hat. Zum Vergleich schauen sich die Experten die Skelette von heutigen Tierarten an. Doch trotzdem haben sie schon so manchen Dino komplett falsch nachgebaut.

Sir Richard Owen zum Beispiel versuchte, einen Iguanodon lebensgroß nachzubilden. Was dabei herauskam, war ein großer Irrtum. Nach seiner Version trug der Iguanodon die Daumenkralle auf der Nase, und er lief auf vier Beinen statt auf zwei.

Die Paläontologen, die Henry Osborns erste Tyrannosaurus-Rex-Nachbildung unter die Lupe nahmen, hatten einen guten Riecher. Sie erkannten, dass Osborn die Augen von Tyrannosaurus in dessen Nasenlöcher platziert hatte!

Einmal wurde ein vollständiges Apatosaurus-Skelett entdeckt – nur der Schädel fehlte. In der Nähe fand man zufällig die Überreste eines ähnlichen Sauropoden, eines Camarasaurus. Doch die Dinosaurier-Jäger ordneten dessen Kopf einfach Apatosaurus zu. Es dauerte 75 Jahre, bis dieser Fehler auffiel. Danach mussten sich alle Nachbildungen von Apatosaurus einer Schädeltransplantation unterziehen.

Rätsel über Rätsel

Wenn die Paläontologen mit dem Nachbilden eines Dinosauriers fertig sind, müssen sie noch mehr Detektivarbeit leisten. Stell deinen detektivischen Scharfsinn auf die Probe, und versuche, die Antworten auf diese Rätsel zu finden!

1. Supergroße Sauropoden
Durchgedrehte Dino-Experten kamen auf die verrücktesten Ideen, um zu erklären, wie die riesigen Sauropoden überhaupt existieren konnten. Welche der folgenden Theorien wurden tatsächlich veröffentlicht?

A. Weil die Sauropoden so schwer waren, konnten sie sich nur im Wasser aufhalten, das ihnen Auftrieb gab.

B. Ihre langen Hälse gebrauchten sie als Schnorchel, damit sie im Wasser atmen konnten.

C. Sie besaßen zwei Gehirne.

2. Die Häubchen der Hadrosaurier

Bei dem Versuch zu erklären, weshalb Hadrosaurier so stark ausgebildete Knochenkämme und Knochenhöcker auf dem Kopf trugen, irrten sich die Wissenschaftler mehr als einmal. Welche der folgenden Theorien gilt heute als die wahrscheinlichste?

A. Es handelte sich um eine riesige Nase.

B. Der Knochenhöcker erleichterte ihnen beim Schwimmen das Atmen.

C. Sie konnten damit anderen Dinosauriern Signale geben.

3. Scharf geschlossen

Welches moderne technische Gerät half einem Paläontologen, dem Geheimnis um die scharfen Knochenplatten auf dem Rücken des Stegosaurus auf die Spur zu kommen?

A. ein Toaster

B. der Kühler eines Autos

C. ein Computer

4. Transsilvanische Thesen

In Transsilvanien entdeckte man einen Ankylosaurier, einen Sauropoden und einen Hadrosaurier, die alle etwas gemeinsam hatten – sie waren sehr klein. Welches ist die wahrscheinlichste Erklärung für dieses Rätsel?

A. Es handelte sich um junge Dinosaurier.

B. Sie hatten die Verbindung zu ihren größeren Verwandten verloren.

C. Ihre versteinerten Überreste waren zusammengeschrumpft.

Antworten:

1. Alle wurden veröffentlicht, dann aber wieder verworfen.

A. Diese Theorie war dem Untergang geweiht, nachdem der britische Wissenschaftler Kenneth Kermack Folgendes nachgewiesen hatte: Wäre ein Sauropode ins tiefe Wasser gegangen, dann hätte das Wasser solch einen großen Druck auf seinen Körper ausgeübt, dass es ihm die Lungen zusammengedrückt hätte.

B. Sauropoden brauchten ihre langen Hälse, um an Pflanzen und Blätter hoch über der Erde heranzukommen – nicht um atmen zu können.

C. In den Köpfen der Sauropoden hatte zwar nur ein kleines Gehirn Platz, doch mehr brauchten sie nicht. Der Hohlraum an ihrer Schwanzwurzel enthielt einen Verbindungspunkt für Nerven und kein zweites Gehirn.

2. C
Eine Gruppe von Wissenschaftlern fand diese Theorie überhaupt nicht zum Piepen. Sie baute das Modell eines Hadrosauriers und simulierte mit dem Computer die Töne, die er von sich gegeben haben könnte. In ihren Veröffentlichungen behaupteten die Paläontologen, dass der Dinosaurier nicht nur einen bestimmten Laut auf Lager hatte, sondern sogar Stimmlage und Ausdruck verändern konnte.

3. B
Wozu waren die Knochenplatten auf dem Rücken des Stegosaurus gut? Diese Frage machte die Wissenschaftler wahnsinnig – bis James Farlow 1976 auf erstaunliche Weise eine Antwort fand. Ihm fiel auf, dass die Platten wie Teile eines Autokühlers aussahen. Daraus schloss er, dass in diesen Platten das überhitzte Blut des Tieres zirkulierte, bis es abgekühlt war – genauso, wie der Kühler eines Autos funktioniert.

4. B

Die Wissenschaftler strengten ihren Grips an und kamen darauf, dass Transsilvanien zur Zeit der Oberkreide eine Insel gewesen sein muss. Die Dinosaurier, die dort ganz isoliert lebten, waren klein geblieben, denn sie hatten keinerlei Konkurrenz durch größere Verwandte.

Komische Fotomontagen

Das Aufregendste nach einer Klassenfahrt ist, sich ein paar Tage später die Fotos anzuschauen. Genau diesen Nervenkitzel verspüren auch Paläontologen, die einen neuen Dinosaurierfund freigelegt haben.

Was auf deinen Fotos zu sehen ist, das ist für dich sonnenklar. Für jemanden, der sie, sagen wir, in ein paar Millionen Jahren findet, könnten sie hingegen Fragen aufwerfen.

Um aus den „Schnappschüssen", die uns die versteinerten Überreste eines Dinosauriers liefern, ein vollständiges Bild zusammenzupuzzeln, bedarf es peinlich genauer Detektivarbeit. Dabei hat es zuweilen ziemlich komische Fotomontagen gegeben!

Uralte Menschen

Im 19. Jahrhundert fand ein Dino-Jäger im amerikanischen Staat Texas Fußspuren in 100 Millionen Jahre altem Gestein. Diese Spuren stammten seiner Ansicht nach von einem Menschen. Daraus schloss er, dass Menschen und Dinosaurier zur selben Zeit gelebt haben müssten. Diese zweifelhafte Idee wurde jedoch verworfen, nachdem man die Fußspuren sorgfältiger untersucht hatte. Dabei stellte man fest, dass sie in Wahrheit von einem zweibeinigen Dinosaurier stammten.

Faule Eier für Andrews

Roy Chapman Andrews grub die ersten versteinerten Dinosauriereier aus, gleich nachdem er die Überreste von 14 ausgewachsenen Protoceratopsiern entdeckt hatte. Folglich nahm er an, dass die Eier Protoceratops-Babys enthielten. Als er kurz darauf einen anderen Dinosaurier nahe bei den Eiern fand, glaubte er, dass dieser die Eier wohl fressen wollte. Deshalb nannte er jenen Dinosaurier Oviraptor philoceratops, das bedeutet „Eierdieb mit Vorliebe für die Eier gehörnter Dinosaurier".

Niemand stellte Andrews' Annahme in Frage, bis die Eier Jahre später untersucht wurden und man darin Oviraptor-Babys fand. 1995 dann grub man einen Oviraptor aus, der auf seinem Nest sitzend gestorben war. Seitdem gehen die Paläontologen davon aus, das Oviraptor-Weibchen gute Mütter waren. Doch ihr Name und ihr schlechter Ruf blieben ihnen dennoch erhalten.

POLIZEIBERICHT

Die Biester von Bernissart

Manchmal kann selbst die beste Dino-Detektivarbeit keine Antwort auf eine bestimmte Frage über Leben oder Tod eines Dinosauriers liefern. Hilf der Paläontologen-Polizei: Kannst du den rätselhaften Fall der Biester von Bernissart lösen?

TATORT: Eine alte Felsschlucht in Bernissart bei Mons in Belgien.

ENTDECKUNG DER TAT: Bergarbeiter fanden 300 Meter unter der Erde ein Bild des Grauens vor. Beim Anlegen eines neuen Schachts stießen sie auf einen riesigen Haufen alter Knochen. Die Knochen befanden sich nicht innerhalb der Kohleschicht. Dinosaurier-Detektive wurden herbeigerufen und nahmen die Knochen mit, um sie genauer zu untersuchen.

IDENTIFIZIERUNG DER OPFER:
Die Knochen stammten alle-
samt von Iguanodonten.

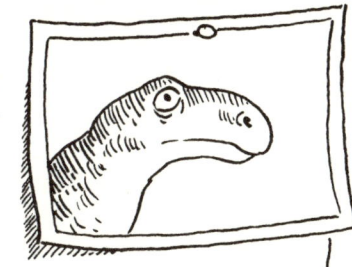

ANZAHL DER DINOSAURIER: Es wurden 31 vollständige
Skelette gefunden und zusammengesetzt. Dabei fand man
zwei verschiedene Typen von Iguanodonten – vermutlich
Männchen und Weibchen. Junge Dinosaurier waren nicht
dabei.

EINTRITT DES TODES: Vor etwa 100 Millionen Jahren.

ZEUGEN: Es gibt keine Überlebenden mehr.

VERDÄCHTIGE:

TATVERDACHT A – RÄUBERISCHE DINOSAURIER

Möglicherweise hatte sich eine Gruppe von Fleischfressern zusammengeschlossen, um die Herde Pflanzen fressender Iguanodonten zu jagen. Die Raubsaurier trieben ihre Beute in die Schlucht, um sie leichter angreifen zu können.

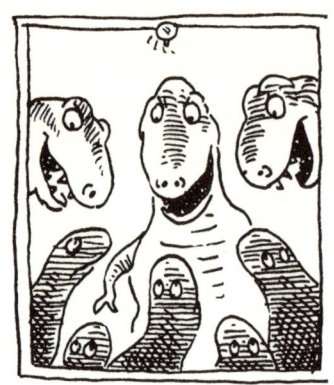

TATVERDACHT B – EINE NATURKATASTROPHE

Vielleicht wurde die Iguanodonten-Herde von einer Naturkatastrophe überrascht, etwa einer Überschwemmung. Dabei wurden sie von den Fluten in die Schlucht gerissen und ertranken.

TATVERDACHT C – NATÜRLICHER TOD

Dass am Ort des Geschehens keine Jungtiere gefunden wurden, legt die Vermutung nahe, dass die Schlucht als eine Art Dinosaurierfriedhof gedient haben könnte. Alle Iguanodonten, die dort gefunden wurden, waren ältere Tiere. Vielleicht gingen sie in die Schlucht, um zu sterben.

WER ODER WAS WAR SCHULD?
Jede der genannten Vermutungen könnte richtig sein, aber
es ist unmöglich, eine davon eindeutig zu beweisen. Wenn
du selbst noch eine Idee hast, dann ist die vielleicht richtig.
Dann bist du vielleicht derjenige, der den Fall der Biester von
Bernissart lösen wird!

Die große Dinosaurier-Debatte

Man könnte meinen, je mehr Hinweise gefunden werden,
desto genauer wüsste man über die Dinosaurier Bescheid.
Doch in einer der größten Dinosaurier-Debatten aller Zeiten
ist dies nicht der Fall.

Denn die Frage ist: Waren Dinosaurier kaltblütig wie Reptilien oder warmblütig wie Säugetiere? Eine Frage, bei der
sich die Gemüter der Paläontologen erhitzen.

Untersuchungen über kaltblütige Reptilien, zum Beispiel
Eidechsen, und über warmblütige Säugetiere wie die Menschen zeigen, dass diese beiden Gruppen von Lebewesen
sehr unterschiedlich leben.

REPTILIEN

Übersät mit
Schuppen

Kleines
Gehirn

Beine seitlich
am Körper

Reptilien leben häufig in Küsten- oder Wüstenregionen. Tagsüber aalen
sie sich in der Sonne, um ihr Blut aufzuheizen. Nachts ruhen sie sich aus,
weil es zu kalt ist, um sich zu bewegen. Sie sind
AASFRESSER, FLEISCHFRESSER oder PFLANZENFRESSER.

119

SÄUGETIERE

Säugetiere leben meist an Land. Sie sind tag- oder nachtaktiv. Es gibt
PFLANZENFRESSER und **Fleischfresser.**

In den Anfängen der Paläontologie ging man davon aus, dass
Dinosaurier kaltblütig, schwerfällig und ziemlich langsam
waren. Eine Art taufte man sogar Morosaurus, das bedeutet
„dumme Echse".

Erstaunlich, aber wahr …

*Der Tyrannosaurus Rex hatte ein riesiges Gehirn. In
der Geschichte des Lebens auf der Erde hat es kaum
je ein größeres gegeben. Doch sein Körper war
ebenfalls riesig, und im Verhältnis zu seiner Größe
war sein Gehirn sogar recht klein! Einige Wissenschaftler sind der Ansicht, dass der Dinosaurier ungefähr so intelligent war wie ein Vögelchen. Doch
mehr Gehirn brauchte der Tyrannosaurus Rex nicht.
Er war auch so riesig erfolgreich.*

Die ersten Paläontologen untersuchten Sauropoden und andere große Dinosaurier. Aus den Ergebnissen folgerten sie, dass alle Dinosaurier kaltblütige Reptilien waren, denn:

Kleiner Kopf und kleines Gehirn –
muss nicht ständig wachsam sein.

Enorme Größe sorgt dafür,
dass mehr Wärme aufge-
nommen und gespeichert
wird.

Riesiger Körper braucht deshalb weniger Nahrung (etwa
10 % der Menge, die warm-
blütige Säugetiere brauchen).

Langsame
Bewegungen. Ein
Kaltblüter braucht
nicht schnell zu sein.
Setzt sich in die Sonne,
um sich aufzuwärmen.

Dinosaurier legen Eier –
genau wie Reptilien.

Doch vor ungefähr 50 Jahren wurde diese Theorie zum ersten Mal in Frage gestellt. Nicht zuletzt, weil man einen völlig anderen Dinosaurier entdeckt hatte. Stenonychosaurus war ein zweibeiniger Fleischfresser mit einem großen Gehirn und sehr großen Augen. Seine Überreste wiesen darauf hin, dass die Dinosaurier vielleicht doch Warmblüter waren:

Großes Gehirn. Braucht gleich bleibende Temperatur und gute Durchblutung. Wäre der Fall bei einem Warmblüter.

Sehr große Augen. Legen nahe, dass er ein wachsames Raubtier war.

Beine, die schnell rennen können. Wie bei den Säugetieren und Vögeln von heute.

Krallen und Zähne, wie Raubtiere sie brauchen.

Warmblütige Tiere sind die besseren Jäger, können schnell laufen und haben mehr Ausdauer bei der Jagd.

Was denkst du darüber? Beziehe das neueste Beweismaterial in deine Überlegungen mit ein. Es könnte den Ausschlag geben:

Wären die Sauropoden Kaltblüter gewesen, hätten sie riesige Herzen gebraucht, um Blut durch ihre enormen Körper zu pumpen und Kopf, Lungen und die anderen Organe zu versorgen. Aber wenn ihre Herzen genauso angelegt waren wie die der heutigen Reptilien, dann wäre dies nicht möglich gewesen, ohne dass ihre Lungen geschädigt wurden.

Tja, vielleicht waren die Herzen der Sauropoden zweigeteilt – ein Teil war für die Lungen zuständig und der andere für Kopf, Rumpf und Beine. So ist es bei den Säugetieren von heute.

Ja, aber sie sind alle Warmblüter. Im Übrigen haben wir einen Fleisch fressenden Dinosaurier namens Syntarsus entdeckt, dessen Knochenzellen und Blutgefäße denen der heutigen Vögel und Säugetiere ähneln.

Zurzeit sieht es nicht so aus, als ob man diese Frage je eindeutig beantworten könnte. Die Wissenschaftler werden sich noch lange Zeit hitzige Streitgespräche und eiskalte Gegenargumente liefern.

Doch wie erbittert man auch über diese Frage debattieren mag – sie tritt in den Hintergrund, wenn es um das größte Geheimnis von allen geht: Was geschah mit den Dinosauriern?

DAS VERSCHWINDEN DER DINOSAURIER

Damals in der Kreidezeit

Um herauszufinden, was mit den Dinosauriern geschah, gehen wir einmal 65 Millionen Jahre zurück bis ans Ende der Kreidezeit …

Ein ganz normaler Tag auf den fruchtbaren Ebenen Nordamerikas. Riesige Herden von Pflanzenfressern halten wachsam Ausschau nach feindlich gesinnten Raubtieren. Die Schreie des Parasaurolophus und das gierige Geschmatze des Triceratops untermalen die Szenerie.

Kurz, die Dinosaurier verhalten sich genauso, wie sie es schon Millionen von Jahre zuvor getan haben. Natürlich hat es während dieser Zeit auch Veränderungen gegeben. Manche Arten sind bereits ausgestorben. Sie wurden abgelöst von Tieren, die mit neuen Umweltbedingungen besser zurechtkamen. Als die Sonne nun am Horizont verschwindet, lassen sich die Dinos für die Nacht nieder – voller Vertrauen, dass sie ideal an ihre Umwelt angepasst sind, und ohne die blasseste Ahnung, was auf sie zukommt …

Was geschah denn nun mit ihnen?

Eins ist klar: Es muss etwas Einschneidendes passiert sein. Über 150 Millionen Jahre lang hatten die Dinos überlebt und damit keinen Zweifel daran gelassen, dass sie die erfolgreichsten Tiere dieses Planeten waren, und dann wurden sie einfach ausgelöscht. Es war etwas geschehen, das die riesigen Pflanzenfresser umbringen konnte, etwas, dem der flinke und schlaue Stenonychosaurus nicht davonlaufen konnte, etwas, das sogar aus dem Tyrannosaurus Rex Hackfleisch machte, dem größten und gefährlichsten Dinosaurier von allen.

Und das ist noch nicht alles: Während ausnahmslos jede Dinosaurierart ausgelöscht wurde (und viele fliegende Reptilien und Meeresreptilien), konnten andere Tiere überleben, zum Beispiel Säugetiere, Schildkröten und Frösche.

> Die Luft ist rein, Kumpels, ihr könnt rauskommen!

Ebenso seltsam ist, dass zwar die Meereskrokodile ausstarben – ihre Verwandten aber, die in Flüssen zu Hause waren, überlebten.

Das große Geheimnis des Verschwindens der Dinosaurier hat schon die findigsten Forscher jahrelang beschäftigt. Und wie du vielleicht schon ahnst, sind sie auf einen Haufen idiotischer Ideen gekommen, die die Sache erklären sollten.

Der wichtigste Verdacht

Was, diese Vorschläge haben dich nicht überzeugt? Dann geht es dir genauso wie den meisten anderen Leuten auch. Aber keine Sorge, die Wissenschaftler haben auch noch glaubwürdigere Gründe für das Dinosaurier-Desaster gefunden. Ahnst du, welcher davon der verdächtigste Grund ist?

1. Feuer speiende Vulkane überhitzten die Erde und kochten alle Dinosaurier-Eier hart.

2. Ein außerirdischer Besucher krachte mit der Erde zusammen.

3. Durch die Kontinentalverschiebung wurde das Klima kälter.

4. Ultraviolettes Licht ließ die Dinosaurier erblinden, zerstörte die Pflanzen und führte eine katastrophale Dürre herbei.

Antwort: 2

Diese Idee ist nicht so abgefahren, wie es scheint. Viele Wissenschaftler glauben, dass ein Meteorit, der in die Erde einschlug, das Aussterben der Dinosaurier verursachte.

Das Sonnensystem lässt sich mit einem Flipperautomaten vergleichen. Kleine und große Felsbrocken, die Meteoriten, schwirren dort kreuz und quer umher. Und immer wieder kommt es vor, dass diese Felsbrocken auf Planeten treffen – mit katastrophalen Folgen.

Wenn tatsächlich ein großer Meteorit auf die Erde aufgeprallt ist, dann steckten die Dinosaurier danach in ernsthaften Schwierigkeiten. Dieser Aufprall war nach Ansicht von Wissenschaftlern 10 000-mal stärker als die Detonation sämtlicher heutiger Atombomben. Die ersten Stunden nach dem Aufprall hätten für die Dinosaurier so ausgesehen:

1. Die Erde fängt gewaltig an zu beben. In der Erdoberfläche tun sich riesige Risse auf.

2. Mächtige Flutwellen rollen über die gesamte Erde, bedecken das Land und ertränken alles, was ihnen in den Weg kommt.

3. Starke Stürme entfachen Feuer, die sich rasch ausbreiten und Bäume und Wälder verschlingen.

Und das war erst der Anfang …

Selbst wenn einige unbeugsame Dinosaurier diese Katastrophe überlebt haben sollten, hat es ihnen nichts genützt, denn das Schlimmste stand ihnen noch bevor – eine tödliche Staubwolke.

Durch die enorme Wucht des Meteoriteneinschlags entstanden riesige Staubwolken, die in die Atmosphäre aufstiegen. Innerhalb von wenigen Tagen verdüsterte sich das Sonnenlicht und war bald darauf völlig verdeckt. In der Finsternis welkten die Pflanzen und starben – und mit ihnen die Pflanzen fressenden Dinosaurier, die keine Nahrung mehr halten. Bald hatten auch die Fleischfresser nichts mehr zu fressen und verschwanden. Alle Kaltblüter unter den Tieren kühlten aus und starben, da ihnen die Wärme der Sonne fehlte.

Endlich der Beweis

Tolle Theorie, oder? Doch bis vor kurzem war es wirklich nur eine Theorie. Noch vor gut zwanzig Jahren hatte diese Argumentation ein Riesenloch – es gab keinen Beweis dafür, dass auf unserem Planeten jemals ein so großer Meteorit eingeschlagen war.

Das änderte sich jedoch im Juni 1980, als Professor Luis Alvarez und sein Sohn die Ergebnisse ihrer jahrelangen Forschungsarbeit veröffentlichten.

Meteoriten enthalten ein metallisches Element namens Iridium, das auf der Erde kaum vorkommt. Das dinosaurierverrückte Duo Alvarez wies nach, dass eine dünne Lehmschicht in der Erdkruste eine große Menge Iridium enthält. Diese Lehmschicht stammt aus der Zeit, in der die Dinosaurier ausstarben. Alvarez und Sohn erklärten dies damit, dass damals ein Meteorit in die Erde eingeschlagen sein muss.

Einige Leute blieben jedoch immer noch skeptisch.

Aber wenn ein Meteorit auf die Erde aufgeprallt ist – wo ist dann der Krater?

Eine Entdeckung aus dem Jahr 1996 scheint diese Frage zu beantworten. Jenseits der Küste von Mexiko fand man auf dem Meeresgrund einen Krater mit einem Durchmesser von 200 km.

Überzeugt? Immer noch nicht? Die Paläontologen können nichts anderes tun, als Hinweise zu suchen und zu überlegen, welches die wahrscheinlichste Erklärung ist. Die schlechte Nachricht dabei ist: Solange es keine Zeitmaschine gibt, werden wir nie mit Sicherheit wissen, wer oder was die Dinosaurier auf dem Gewissen hat. Es gibt aber auch eine gute Nachricht: Die Paläontologen werden auch weiterhin jede Menge verblüffende und verrückte Vorschläge machen, wie es gewesen sein könnte. Und sie werden Gegenargumente finden. Gegen die „Aufpralltheorie" zum Beispiel spricht, dass es insgesamt Millionen von Jahren dauerte, bis die verschiedenen Dinosaurierarten ausgestorben waren. Sie kamen nicht alle auf einmal um.

Jetzt rennt doch nicht immer hinter mir her!

Es kommt noch besser …
Der Tod der Dinosaurier war eine ausgezeichnete Neuigkeit für die Tiere, die auf der Erde zurückblieben. Ohne die Dinosaurier war die Straße der Evolution plötzlich frei für neue Arten, die sich den veränderten Bedingungen anpassen, sich weiterentwickeln und schließlich die Herrschaft über das Tierreich übernehmen konnten.

Aus den riesigen Schatten und tiefen Fußstapfen der Dinosaurier traten die kleinen, spitzmausähnlichen Säugetiere he-

REGISTER